U0017579

不委屈自己
也不得罪人的
說話軟技能

零內耗
溝通術

莎曼・霍恩 Sam Horn——著
梵妮莎——譯

Talking on Eggshells

Soft Skills for Hard Conversations

各界推薦

如果對方……時，我們可以怎麼說話？
當我……時，我可以說什麼和做什麼？
你可以在當中填空嗎？

這是一個很有意思的設計，引導我們走進人際互動的想像。

這本書探討溝通情境的二十八種面向，我讀完之後不禁想拍手。不僅犀利精準剖析出溝通的樣貌，還能立即使用在生活和工作的現場，每個章節的尾聲更設計有「提示卡」歸納整理出溝通困境破解的重點。

當我們通透理解作者的巧思之後，便不會再溝通內耗，將更能迎向陽光大步前進。

——**王介安**（GAS口語魅力培訓®創辦人、廣播主持人）

「我不是針對你，我只是就事論事。」但為何這樣的說法卻往往無法在衝突的兩造之間達成共識？在《零內耗溝通術》這本書中闡明其實所有的「事」都與「人」有關，這與薩提爾模式裡著重以連結人的內在為優先有著異曲同工之妙。透過這本書，讀者可以清晰地看見在各種不同的情境中，如何運用作者提供的簡易技巧，轉化語言思路、達成有效溝通。

——**李崇義**（薩提爾模式溝通引導師）

這本書讓我相見恨晚！書中從宏觀的角度出發，先談溝通的心法之外，討論如何坦然面對衝突，再落實到二十八種常見的情境和狀況，可以說是一本溝通寶典。

作者傳授如何用溫柔和堅定的方式解決問題，用更聰明、更涵容的說法與做法與他人互動，幫助我們在與他人意見分歧時，能夠不得罪人，但也不委屈自己，有效溝通。這些都是ＡＩ時代中，溝通時更有人味跟溫度的關鍵素養。

——**黃致潔**（Grace 聊口譯與國際溝通）

身處在華人世界的我們，很難面對「困難溝通」。拒絕、衝突、談判……這本書為這些不容易的溝通提供清楚建議，搭配豐富的案例，讀者可以現學現用，讓工作與生活的溝通更順暢。

——**盧美妏**（人生設計心理諮商所 共同創辦人／諮商心理師）

“

亨利·亞當斯曾言：「老師的影響力無遠弗屆，他永遠不會知道自己所造成的改變何時才會停歇。」我對於老師們曾給予我及無數人的恆久影響感到十分感恩。願此書可以藉由教導人們幫助自己合作、親切和主動溝通的技能，傳承他們的成就。

”

目錄 | CONTENTS

PART

坦然面對衝突

PART 2

在激動時刻保持冷靜

如果有人……時，我該怎麼應對？

PART 3

管理你的期待、情緒和心態

遇到這些情況，我可以怎麼說或怎麼做？

PART 4

當有人不在乎公平時該怎麼做

如果……時，我可以怎麼說或怎麼做？

前言

在當下就自信應對困難對話

我小時候父母常陷入冷戰，他們沒有大喊大叫、也沒有打架，只是不知道該說什麼來療癒多年來受傷的感情和錯過的連結，因此選擇什麼都不說。正如你所想像的，這樣的互動模式會耳濡目染，我和兄弟姐妹也傾向於迴避不舒服的談話。

後來，我曾和一名恐怖情人交往。我當時不知道他是這樣的人，表面上，他看起來興趣廣泛、多才多藝，還會計畫好每次約會的所有細節。我不知道這是一個警訊，代表他對於控制的需求會演變成嫉妒和人格誹謗，我只能小心翼翼地跟他互動，因為永遠不知道什麼事情會引發他的攻擊。

我在生命中的兩段重要關係中，都一直處於緊張狀態，因為你會試著說出最正確的話，並擔心自己說錯話。那些關係充滿了懊悔，這就是為什麼我在談到這個話題時自覺肩負使命。我相信，如果我們看到問題並想到「有人應該要對此採取行動」，那麼我們就應該採取行動，因為我們自身的重要性不亞於任何人。無論順境或逆境，我們都應該要有一種與別人溝通更好的方式。這樣的方式可以：

- 進行真誠對話，而不是忽視正在發生的事情。
- 迅速思考並說出我們當下的想法。
- 讓對方有責任對我們尊重以待。

如果其中任何一項引起了你的共鳴，那麼這本書對你絕對有幫助。

你能進行零內耗溝通嗎？

我的沉默不曾保護我。你的沉默也不會保護你。
——奧德雷・洛德（人權運動家）

最近，你是不是經常處於小心翼翼地說話的狀態？你是否：

- 與抱怨、羞辱和怪罪他人的人打交道？
- 與那些將挫折發洩在你身上的人一起工作或生活？
- 與信念截然相反的人意見不合？
- 成為霸凌者、控制者或操縱者的目標？

- 與冷漠、疏遠或無法連結的人建立關係？
- 由於意見分歧而倍感壓力、焦慮或倦怠？

如果是這樣，你並不孤單。管理顧問公司麥肯錫二〇二一年的一份報告顯示：「無禮行為不斷增加，不文明行為越趨嚴重。」諷刺的是，我們很少被教導遇到不公平或不友善的對待時該說什麼，因此我們常常什麼也不說，或說出首先浮現腦袋的內容，但這往往會讓事情變得更糟。

如果有辦法讓我們在當下就自信應對這些困境，而非在回家的路上考慮完美的反應，會是如何呢？這並非不可能，而是你將在本書學到的內容。

如果你對本書的背景故事感到好奇，它是立基於我在二十多年前開發的一種溝通方式，我稱之為「嘴上功夫」。重點是，如果有人做出不當行為，我們不是要反擊、生氣或報復。這並不是要讓大家準備好劍拔弩張，而是關於如何設身處地為他人著想，讓我們能以同理心而非輕蔑回應；這是關於如何成為我們想成為的高素質者——即使其他人並非如此。

我們該怎麼做呢？談判專家貝利．奈勒波夫有個很精闢的見解，他說在困難的情況下，我們的目標是以水滅火。如果要用四個字形容，「以水滅火」就是本書的目的。如果有人要跟我們打架，我們不會打回去，而是順勢逆行。如果有人咆哮、憤怒、怨恨或抗拒，我們會保持冷靜。我們繼續尊重他們，並利用積極、主動的回應來建立融洽的關係，在大多數時候，這麼做會讓對方有動力做出同樣的回應。

也就是說，請以安全且合乎邏輯的方式使用本書中的內容。如果你正在與一個深具挑戰性的人打交道，請最好尋求專業諮詢和法律建議，以確保獲得適合特殊情況的建議。

如何從本書中獲得最大價值

與他人相處融洽仍然是世界上最需要的技能。有了它……一個人的能力是無限的。

——厄爾・南丁格爾（個人發展先驅）

我知道你很忙，所以盡了最大努力讓這本書能在現實世界中應用。第二部、第三部和第四部的每一章都提出了一個關於你在敏感情況中可能面臨的問題，以及在該情況下應對（而不是直覺反應）的各種建設性方法。希望你會覺得很有價值。

我鼓勵你按照章節順序閱讀本書，不過如果你遇到緊急狀況，請隨時查閱目錄，翻閱相關章節。我刻意讓每個章節都很簡潔，這樣即使你只有幾分鐘的時間，也可以快速了解並從中獲益。你會注意到，每一章的結尾都有一張「提示卡」，總結在這種情況下該做什麼、不該做什麼。許多人告訴我，他們會用手機拍下「提示卡」，方便隨時複習。

我曾去某間醫療中心進行培訓，幾年後意外以病人的身分再次造訪。接待人員看到我走進來，示意我過去，並指著一張仍然貼在她辦公桌上的索引小卡。她說：「莎曼，我之前一直不懂為什麼我明明對別人很好，大家卻不領情。後來我參加了你的培訓工作坊，發現我都在使用你所說的『吵架話語』，難怪大家對我不高興，以為我在跟他們爭論。」

她指著自己的小卡。「這為我帶來很大的改變，幫助我發現並改正問題。現在我準備要告訴別人應該做什麼時，會在句子中間停下來，並將命令的口氣改為禮貌的請求。我現在很喜歡上班，因為這些友善話語讓這裡變得更加和善。」

你讀完這本書之後，不要把它束之高閣；請將書放在身邊，讓你在遇到困難時隨手可得。你甚至可能會想在每天早上，隨意翻開一頁作為早晨儀式。書中有超過兩百則關於如何當一個好人的金句，你很可能會發現一個正巧是自己在壓力下樹立新的溝通榜樣時所需要的洞見。

準備好了嗎？翻頁，我們開始吧！

“ PART 1

坦然面對衝突

當事情不對勁時，不要隨波逐流。

——貓王艾維斯·普里斯萊

1 為什麼我們需要零內耗溝通術？

禮貌不是一種有選擇性的價值觀，而是通往文明的鑰匙。

——范・瓊斯（時政評論員）

我討厭衝突。我十幾歲的時候，父母總是在吵架。我會躲在自己的房間裡，用枕頭摀住耳朵，默默地祈求他們趕快停止。我知道當時的經歷現在仍然影響著我，只要現場出現一點火藥味，我就會跑到別的地方。救命啊！

如果你對開頭這段話深有同感，恭喜你發現自己的這種傾向。如果我們的童年充滿未解決、憤怒的衝突，或者有過未能解決的不愉快對峙，長大後的我們會盡可能將之排除於現在的生活之外。問題是，忽視這些衝突並不能讓它們消失，反而會讓情況變得更糟。我在後面將示範如何改變「厭惡衝突」的標籤，因為它只會延續我們對衝突不必要且不健康的恐懼。

首先讓我們找出一些自己在敏感情況下小心翼翼迴避的原因。你在什麼情況下，可能會過度拿捏講話分寸，或者迴避「禁忌」話題？問問自己，以下任何理由是否可能導致你「自我審查」或不願發聲。

為什麼我們不願意發聲？

我們許多人在重要對話中犯的錯誤是，認為自己必須在以下兩者之間做出選擇：說真話或當朋友。

——凱瑞・派特森（作家）

- 我不想說出可能會後悔的話。
- 我不想讓事情變得更糟糕。
- 我不想傷害別人的感受。
- 我不想惹人生氣、冒犯或憤怒。

- 我不想惹事生非。
- 我害怕不好的後果。

你是否對這些自我審查的動機產生共鳴？你認為說實話會毀掉一段關係嗎？你是否注意到這些所有原因都是對於基於恐懼「情況會變糟糕」的心理？如果我們不去預期最壞情況，而是預期「最好情況」，會是怎樣？如果我們不認為說真話會導致失去朋友，而是了解「富有同情心地說真話，是留住朋友的關鍵」，又會是怎樣呢？

如果我們能夠學會如何清楚、尊重地表達自己的感受和想要的東西，這樣對方就不會生氣、感到冒犯或憤怒，會是怎樣呢？如果在情緒高漲時，我們知道如何使用一些字彙和短句來防止怨恨、產生接納，會是如何呢？如果我們有能力開啟一段誠實對話，並且讓對方感謝我們有勇氣提出同樣困擾他們的問題，結果會怎樣呢？

如果我們能做到這一切（這就是你將學習如何做的事情），那麼就可以停止小心翼翼地說話，開始真誠溝通。

我要分享一個例子，它充分展現出當你選擇堅持自己想要的願景，而不是讓情勢決定一切時，會發生什麼事情。如此一來，你就有機會辨識出自己習慣的溝通方式，並確認這對你是否有所助益。

我朋友有個年方二十歲的孫女，我們就稱她為布列塔妮吧。她一直認為自己生性害羞且不願引起衝突，但是她鼓起勇氣與老闆談論工作中出現的一些問題。布列塔妮在連鎖二手商店「救世軍」工作，這是她的第一份服務業工作，沒想到竟面臨職涯發展的挑戰。她竭盡心力服務來店客人，並為此感到自豪，所以聽到老闆告訴她即將升遷，她非常興奮。然而第二天，老闆卻又改口說她有失業的可能。

布列塔妮極度震驚。以前的她可能會淚流滿面，回家後陷入憂鬱的情緒，不過這次，她使用了心理師教她的方法。

她去了老闆的辦公室，要求給她五分鐘的時間，然後說：「請幫我了解為什麼我昨天本來準備要升遷，但今天卻又說要開除我。」

老闆解釋說，有位顧客指責布列塔妮非常無禮，並認為她應該要為如此糟糕的服務態度受到懲罰。布列塔妮記得這件事，於是便解釋，顧客想退回用過的床墊以獲得退款，然而他們店裡的政策是如果外層的保護套被打開了，就不接受退貨。布列塔妮很禮貌地解釋了這一點，但這位顧客對此火冒三丈。

現在老闆了解事件的全貌，最後道歉並感謝布列塔妮即便面對壓力，依然忠實執行了店裡的政策。因此，布列塔妮繼續留在店裡工作，並獲得原先承諾的晉升。

讓我們換個角度看這件事。如果布列塔妮為了避免展開這段困難的談話，沒有詢問老闆為什麼改變決定，那麼這次晉升就將不復存在。「請你幫我了解一下」這一句話，將一場原本不舒服的衝突變成了一場釐清前因後果的對話。

讓我們忘記「對抗」這個詞

與怪物戰鬥的人最好留意這個舉動不會把他也變成怪物。

——尼采

「對抗」（confront）這個詞的定義是「面對，尤其是面對挑戰；對抗敵人」，難怪我們不願意對抗他人，因為如此咄咄逼人、好戰的用詞讓我們覺得自己要上戰場了。

看看我們把「對抗」改為不那麼激進的用詞，例如「釐清」時會發生什麼事。如果我們不是直接挑戰對方的決定，而是詢問對方能否幫助我們理解他們做出決定背後的理由，會是什麼感覺？詢問與攻擊相反，它是開放式的，目的在收集訊息，而不是假設對方做出了不可原諒的決定。詢問可以幫助我們更輕鬆地提出困擾我們的問題，因為我們不是在反對他人或挑戰他們。正如作家史蒂芬・柯維所說，我們只是在「尋求了解」。

那麼你呢？最近是否有人做出了傷害你或看起來沒有道理的決定？你做了什麼？是否壓抑了自己的感受並結束對話，但仍然對此耿耿於懷？你有沒有準確地告訴對方你內心的感受？

現在請再次接近那個人並說「你能幫我理解……嗎」，可能還為時不晚，也許對方能提出合理的解釋或證明。與他們討論這個問題可能會為你們雙方帶來「理解時刻」，從而治癒原先造成的傷害。對方會聽到你的想法，而不是根據有限或不準確的資訊做出片面的決定。

也許最重要的是，當你願意承擔起解決眼前不愉快事情的責任，而不是忽視自己的感受、內心反芻著不甘心，你就有機會導正事件的發展。保持沉默只會讓情勢永不改變。

讓我們更換負面標籤

標籤是用於衣服的；標籤不適合人。

——瑪蒂娜・娜拉提洛娃（網球選手）

從布列塔妮的例子中我們可以學到一些教訓。首先，透過要求澄清而不是忽視問題，她能夠向老闆解釋客訴事件的真相，而不是因為隱忍而丟了工作。

此外，她也選擇把「厭惡衝突」的標籤留在過去。如果布列塔妮告訴自己她害怕衝突，她就會繼續這樣逆來順受。這個標籤會定義她並且壓垮她，最終使她變成不惜一切代價都要避免衝突。

如今，她會將自己視為一個勇於釐清前因後果的人。可說是仿效史丹福大學心理學家卡蘿．杜維克的理論，亦即我們要麼擁有「定型心態」，要麼擁有「成長心態」。

「定型心態」的思考基本上是：「我就是我，而我無法改變這一點。我的天賦、智商和能力都一成不變，我對此無能為力。」

「成長心態」的思考則是：「我相信我有能力發展並變得更好。透過努力、動力和毅力，我可以發展自己的能力並改善自己的處境。」

你是否自稱厭惡衝突？如果是這樣，該是更新這張標籤的時候了。一個常見的方法就是採用「我曾經……，但現在我……」的思維，例如：

- 「我曾經厭惡衝突，但現在我知道，只有解決衝突而不是一味避免，事情才會變得更好。」

- 「我曾經很會拖延，現在我只做重要的事情，所以我創造出各種成果，而不是種種後悔。」
- 「以前別人對待我的方式不如預期的時候，我會非常氣憤，但現在我會主動去問清楚，了解他們決定背後的原因。」
- 「我以前常把別人如何對不起我，反覆向其他人訴苦，但現在我會直接跟當事人討論，讓彼此有機會重新開始。」

另一種讓過去貼上標籤並更自在地為自己說話的方法是，好好探索你習慣的溝通／衝突風格是什麼。

四種溝通／衝突方式

和平並不意味著沒有衝突，而是透過和平手段處理衝突的能力。

——美國總統雷根

事情出錯的時候，大多數人都會直覺地採取一套習慣模式，這通常是根據童年經驗所形塑出來的。很有趣的是，我們對此通常會有兩種傾向，一種是將這套模式完全內化並按表操課，另一種則是刻意選擇採取與童年經驗完全相反的言行。

有名年輕人告訴我，他成長於一個充滿言語暴力的家庭，但他沒有以此作為辱罵他人的藉口，而是當成一種動力，要求自己爭執時再怎麼不順利也不能大吼大叫，而是要冷靜地表達。

我以字母A開頭命名了四種溝通／衝突方式，方便你們記憶。請閱讀並思考：哪一種是你慣用的方式？在成長的過程中，你家中的模式是什麼？你是否遵循了這套範本，還是選擇以不同的方式做事？

Avoid逃避：我們避開有挑戰性的人事物，盡量不去想它們。我們生活在一條否認的洪流中，盡力不去思考哪裡出了問題，因為我們不想或不知道該如何處理。我們希望這些人事物會消失，或突然自己好轉。

Accommodate妥協：我們屈服並與現狀共處。我們試著維持和平，所以不會挑戰別人，而是按照對方的方式行事並默默接受他們的認知或思考。渴望尋求他人認可的討好者經常屬於此類。

Anger憤怒：我們宣洩自己的感受，並將沮喪傾倒在別人身上。我們要不是因為義憤填膺或正義之事而發怒，就是利用憤怒作為讓其他人退縮的手段。每當事情出錯時，我們會變得大聲且激動，試圖用情緒的強烈程度來贏得勝利或達到目的。

Assert主張：我們接近對方並尋求雙贏的解決方案，或嘗試為情況或關係找到更好的發展之道。我們知道其他人沒有讀心術，所以要是沒有得到想要的東西，或是沒有受到想要的對待，我們就應該要大聲說出來。

你的預設方式是哪一種？請坦誠以對。你的首選方式會支持你還是阻礙你獲得成功？它是有助於建立良好的關係，還是會加以破壞？

從現在開始，請跟布列塔妮一樣，接受事情不會自行好轉的事實。更新你的標籤並選擇「解決衝突」，而非避免衝突、適應衝突或因衝突而憤怒。不要將衝突視為對抗，而應將其視為要求釐清。如此一來，你就可以發展自己解決問題的能力，而不是當一隻把頭和感受埋在沙土裡的鴕鳥，希望事情能神奇地自行解決。

有次在網路研討會中，一名女子向我提問：「我最近看了劇作家瓦瑟斯坦（Wendy Wasserstein）的電視訪談，她說，『我確實努力變得更果斷自信，但現在我的朋友都不跟我說話了。』她的本意可能是想開個玩笑，但她說出了我內心的恐懼。」

我告訴那名女子：「很高興你提出這個問題。我並不會說自信是一朝一夕就能形成，而且每次都能完美發揮作用。坦然面對衝突是一種需要時間慢慢發展的心態和技能。好消息是，想要表達自己的觀點，我們是能透過一些具體方法可以表現得更和藹可親，而不是令人討厭，這樣對方會更容易接受你所表達的內容。」

在下一章中，我會分享「人際狀態意識」（ＩＳＡ，Interpersonal Situational Awareness）的六個步驟。培養這些能力可以幫助你洞察整個空間裡的蛛絲馬跡，這樣你就可以秉持與對方合作的態度，更加正確、自信地預測並應對正在發生的事情。

零內耗溝通的提示卡

想像你有一名同事的言行總是容易造成衝突，因為他從小就習慣「要激烈又大聲地證明自己有理並達成目的」。每次跟他互動都讓你想逃跑，你該怎麼做呢？

該拋棄的話語	該使用的話語
逃避、妥協、憤怒 「我會閉緊嘴巴，以免激怒他。」	**堅定** 「請放低音量並帶著尊重跟我說話。」
害怕衝突 「我會照他的意思做，這樣他才不會繼續對我大喊大叫。」	**要求釐清** 「你能幫我理解一下你為什麼做出這個決定嗎？」
預期最差情境 「如果我說了什麼，他可能會非常生氣，然後我會覺得很自責。」	**預期最佳情勢** 「這是一個釐清事實的機會，我樂見其成。」
接受「討厭衝突」的標籤 「這就是為什麼我痛恨爭執而且不惜一切代價避免與人爭執。」	**接受「安於衝突」的標籤** 「這對我來說很重要。我會說出我的感受和我所希望之事。」

2

培養人際狀態意識

沒有一個匆忙的男人（或女人）是文明有禮的。

——威爾・杜蘭（美國政治家）

「我們許多新進員工都很聰明、有才華，但有些人在社交技能方面卻似乎一竅不通。怎樣才能幫助他們與其他人好好相處呢？」這個問題是由一家《財星》全球五百大公司的人力資源總監提出的。她的問題還沒有結束：「我們試著在客戶服務和領導力發展計畫中，教導大家增進社交能力，但是訓練成效總是不持久。到了這個年紀要鼓勵員工在溝通中表現得更體貼，是否為時已晚？」

我告訴她：「若是連現在都不願開始，才是真的太晚了。」

「增進社交技能有祕訣嗎？」

「我認為『狀態意識』是社交技能的核心。請讓我講一個自身的故事來說明。昨天我在商店裡排隊結帳，前面有位老婦人一邊和收銀員聊天、一邊慢慢從購物車中取出物品，然後又慢慢將它們一件一件放在輸送帶上。

「我很著急，對她花了這麼長時間感到不耐煩。我得很不好意思地承認，當時內心浮現很粗魯的想法。好在，我在溝通課程中教授過的一些正念技巧開始發揮作用。我跳脫了自我中心的思考，意識到自己因為某人多花了幾分鐘而變得焦慮不安，這真的很缺乏同理心和同情心。

「我沒有站在她身後慢慢地累積怒火，而是理性地看待事情並主動提供幫助。一旦不再只關注自己的想法時，我開始想到這位老太太會是某個人的阿嬤，她行動緩慢可能是因為罹患關節炎或有其他病痛，出來買東西可能是她這整個禮拜中唯一的社交機會。

「又或者，我們之所以相遇，是老天為了提醒我匆忙和不耐煩是對我們思想和時間的濫用。」我當時太急於求快，沒有注意到她本質上是個好人，而社交技能就是跟「留意細節」有關。

狀態意識是社交技能的核心

除非我們留意到「沒有留意」如何影響我們的思想和行為，否則我們幾乎無法改變。

——丹尼爾・高曼（情緒智商概念提倡者）

未能留意周遭發生的事情不僅影響我們的思想和行動，還會使我們持續處於自私的狀態。自私不就是只關注我們想要的、需要的、思考的和感受的？當我們不注意周遭人事物，只知道隨心所欲地說話和做事，絲毫不考慮對他人的影響，我們就體現了所謂的「無知」。

我會永遠感謝一位幼兒園的經營者格倫達讓我上了一堂社交大師班。有天下午，我去接兒子湯姆和安德魯放學，並與格倫達聊天，那時孩子們正在玩一場熱鬧的簡易棒球賽。一位潛在新客戶帶著她四歲的兒子來參觀校園，那孩子大步走向人群，從我兒子手中搶過塑膠球棒，開始用球棒打他。格倫達從他手裡拿走球棒，堅定地說：「不可以！」並將球棒放在一個拿不到的玩具箱裡。男孩立即撲倒在地，開始大發脾氣，又哭又踢。

媽媽懇求道：「請把球棒還給他！他太小了，不知道自己做錯了什麼。」

格倫達聞言平靜地笑了笑，說：「他現在知道了。」

在理想狀況下，生活中會有一些優秀的導師在人生道路上協助我們「社會化」，並教導我們如何為自己的行為負責。我們身邊會有成熟的大人（甚至是手足）示範何謂體貼和互相體諒，而非只考慮自己想要什麼。對你來說，是誰擔任了這個角色？誰教你不能只想著自己的需求，還要注意周遭發生的事情，並以深思熟慮、明智的方式行事，以顧及大家的利益？

這就是社交的目標：學會在與他人打交道時舉止得宜。這種以有意識且依循良心行事的能力，我稱之為「人際狀態意識」，大幅左右了我們個人和職涯的成功。人際狀態意識是所有軟技能的核心，也是以社交手腕、成熟和責任感處理艱難對話（或說任何對話）的關鍵。

後續的篇章會提供如何在各式情況下，使用人際狀態意識的實用建議。讓我們透過六種可以練習保有人際狀態意識的方法開始這趟歷程。當你閱讀這些人際狀態意識實踐方法時，請思考它們是否已經成為你的一部分，以及你在生活中又是如何展現。如果你很快就會遇到棘手狀況，請詢問自己如何使用這六種方法來增加事情順利進行的可能性。

1. **開創先例**。人際狀態意識的一個關鍵要素：主動。我們的目標是主動做一個體貼的人，這意味著關心和在乎他人的權利和感受，而非等待別人示範或被他人要求這樣做。主動出擊，深思熟慮而不要粗心大意，因為當大家願意為了更長遠廣大的利益而實踐人際狀態意識時，所有人都會從中獲益。

2. **預想可能造成的遺憾**。假設有人做了一些不恰當或糟糕的事情，在你的話語即將脫口而出之前，先花幾秒鐘自問：「我會因為說了這句話而感到後悔嗎？」答案若是肯定的，請練習在這種時候管好嘴巴。此時不妨想像一下，你事後對於自己因一時衝動而做出的失控言行舉止會做何感想，這是保持正念的關鍵。

3. **將「我的」優先事項替換為「我們的」**。「被情緒沖昏頭」背後的一大原因通常是你過度重視自身的優先事項。請不要屈服於這股衝動的情緒，而是要自問，大家的優先事項是什麼？我應該先暫停一下、聆聽別人的想法，而不是急著激烈地表達我的想法。與其針對某個問題爭論不休、疏遠每個人，不如聽取其他觀點，找出我們可以共同努力創造雙贏的解決方案，這樣不是更明智？第十九章將詳細告訴你該如何進行。

4. **揭露潛台詞**。有什麼事情是沒有被說出口的？西非有句諺語：「如要了解內心的訊息，問臉就知道。」熟練的人際狀態意識實踐者知道肢體語言可以揭露對方心裡的真話。是否有人在同意的時候，咬緊了牙關、顯露出不情願？他們是不是嘴上說「明白了」，卻皺著眉頭、無精打采地坐在椅子上，雙臂緊緊交叉？這些不出聲的異議會阻撓成功。請用蘇格拉底式的問題輕輕探究，直到全部真相都揭露出來；你會在第十章學到如何進行。

5. **尊重你的直覺**。知名的人身安全顧問蓋文・德・貝克每次都會詢問遭受襲擊的客戶：「你們有收到任何警告嗎？」猜猜這些客戶都說什麼？「我知道有哪裡不對勁。」然而，他們的理性最終戰勝了直覺，他們會想：「我坐在一輛裝甲車裡，而且四周沒有其他人，一定是我想太多。」也就是說，如果你感覺有什麼不對勁，很可能事情真的不對勁。請不要忽略那些提醒你注意不和諧之處的直覺反應，因為「第六感」總是把你的安危視為第一優先，並警告你潛在的生理或心理危險。你將在第二十五章學習如何與自己的直覺同行。

6. **嘗試點燃火花，而非強出頭**。「強出頭」心態往往是要證明自己有多聰明、有才華和能幹——那是小我。「點燃火花」心態則是善用他人的智慧和才能來打造出「一起向上提升」的社群。不妨將人際狀態意識視為一種「僕人式領導」[1]的方法，它能讓你所身處的每種情況都更上一層樓。

練習保持「人際狀態意識」為何重要

在影響他人時，樹立榜樣並不是主要的事情，而是唯一的事情。

——史懷哲醫生

每次在工作坊中，我都會要求學員分享他們實行「人際狀態意識」的經驗以及沒有使用的經驗。這些故事都證明了保持人際狀態意識，對於能否促成雙贏成果占有關鍵地位。

一名離婚的單親爸爸分享了他的經驗。他有次從前妻家接走兩個孩子，然後急著回家，沒想到遇上大塞車，讓他憋了一肚子氣。好不容易下高速公路，竟然在開車穿過十字路口時，差點被一輛卡車撞到。孩子嚇得大叫：「爸，你差點害死我們！」

他說：「我當下壓力很大也很害怕，所以也對他們大吼大叫。孩子開始哭，我覺得自己是個大混蛋，因為我只想著自己有多累、多沮喪，完全沒有考慮到他們的安全或者我有多愛他們。從現在開始，我會全心全意並且負責任地開車，不再過度在乎時間。我要注意周遭事物，並將孩子的安全、健康和信任放在首要位置。即使在有壓力的狀態下也不要對他們大喊大叫，因為我知道這會讓他們害怕我，而這是我最不希望發生的事情。」

正如這位單親爸爸點出的那樣，即使是在充滿壓力的時刻，也要將重要的人事物放在最優先，並依據這些目標和價值觀採取行動。

如果你想知道人際狀態意識如何影響職業生涯，我可以分享自己的故事。大學畢業後，我的第一份主要工作是經營網球冠軍羅德．拉沃在希爾頓黑德島的品牌專賣店，並代表公司出席董事會議。

我那時很年輕，充滿成功的渴望和想法——現在回想起來，我的想法有點太多了。幾次會議後，有位董事會成員把我拉到一邊，溫柔地建議我「坐壁上觀」，我便問他這是什麼意思。

1 係指領導者能夠服事、扶持、激勵和授權他人，而不將自己視為組織中高高在上的主人。

他說：「莎曼，你不太尊重這些董事們的資歷，這些高階經理都比你更有經驗。在有能力勝任之前，多聽少說才是明智之舉。」

哎呀，我對自己想到的業務發展機會太過興奮，完全沒有好好思考我的想法是否會受歡迎，以及現在是不是提出它們的最佳時機。我對團隊互動不敏感，占用了過多的會議時間。

我永遠感謝這位凱悅飯店的總經理戴爾·舒特，他很有技巧地教會了我不要當個狂喊「我在這裡」的人，而是該成為一個點出「你在那裡」的人。

你呢？是否曾經發現自己熱情地分享想法，卻沒有考慮它們是否合適？你是否會占用過多的會議時間？先「坐壁上觀」、傾聽，只在不會打斷或破壞會議流程、確定自己的言論有助於對話時發言，這樣可能會是更明智的做法。

人際狀態意識是一種逆流思考的方式

> 我們必須停止只是單純把人從河裡拉出來。我們需要逆流而上，找出他們掉進去的原因。
>
> ——南非榮譽大主教戴斯蒙·屠圖

屠圖大主教的這句話，可說是對保持人際狀態意識的最佳解釋。人際狀態意識不僅僅是看到在我們面前發生的事情並做出反應，而是「逆流而上」、確認可能導致問題的原因，好讓我們得以從源頭解決問題。

嬌生公司資深總監珍妮佛告訴我，人際狀態意識的定義確實引起了她的共鳴，因為這是她試圖傳授給職場後進的首要工作技能。「對我來說，人際狀態意識具備創業精神，這意味著跳脫顯而易見的表象。不僅僅是回答問題，而是發揮創意並引入超乎預期的東西。它問的是『我怎麼做才能有所貢獻並為大家帶來驚喜』，而不只是『怎麼做好我的工作』。」

她補充道：「我可以保證，這麼做對任何人的職業生涯來說都是一種競爭優勢。與你打交道的每個人都會欽佩你的這一點，並願意支持你，因為這種高水準的人際狀態意識非常罕見，而且大家都喜歡這樣的人。如果你善於看見和表達這種細節，每個人都會希望你加入他們的團隊。」

請思考一下，你願意提供額外的附加價值嗎？你是否竭盡所能為大家帶來驚喜？你是否對細微變化很敏感，並且依此調整言行？若是如此，你做得很好！如果還有努力空間，也請放心，因為後面的章節會教你在常見的情況下，各種善加運用人際狀態意識的方法。

這裡分享另一個表現出絕佳人際狀態意識的例子。伊荻是一名早就應該獲得升遷加薪的行政經理。她的承包商老闆是出了名的精打細算，所以伊荻做了功課，仔細記錄了自己藉由降低成本、簡化程序和把客戶記錄系統化，到底為公司賺到和省下多少錢。她甚至收集了不少ＶＩＰ客戶的推薦，他們都證實伊荻是公司相當重要的人才。

伊荻的老闆同意約周五下午與她面談。然而，她一走進老闆的辦公室，立刻就注意到他手忙腳亂。老闆癱坐在椅子上說：「我剛剛得知我們有一處建案的水管爆裂，整棟大樓淹得亂七八糟，真是太慘了。」

伊荻意識到現在不是要求加薪的好時機，老闆現在絕對沒有心情批准，於是她問：「要不要把面談改到下周，這樣就可以先處理那棟大樓的事？」老闆如釋重負，並感謝她的體貼。

這就是人際狀態意識的實際應用。伊荻最終獲得當之無愧的加薪，因為她保持冷靜地發現不祥徵兆，並重新安排了老闆更有可能答應的面談時間。

你是否有過類似的經驗，發現自己原先的計畫當天無法順利運作，於是選擇暫緩？又或者，即使你知道自己的要求或建議是合理的，也預期會被拒絕？預期後果並據此調整你的安排，就是實行人際狀態意識的另一種形式。

人際狀態意識測驗

我不只會請工作坊學員分享他們的經驗談，還會發下一個測驗，讓他們反思人際狀態意識對生活所產生的影響。找出是誰在影響你（無論是好是壞），並清楚了解人際狀態意識對個人生活和職涯的成功有何助益，可能會帶來啟發。你可以印出這份測驗與朋友一起討論，這樣你們可以從彼此的答案中獲得更多洞見。

1. 人際狀態意識對你來說意味著什麼？你會如何定義它？
2. 你有認識的人很擅長保持人際狀態意識嗎？請描述你看到對方實踐的案例。
3. 你認識哪些人不擅長保持人際狀態意識？請描述你看到的案例。
4. 你在哪個場合或事件中展現出良好的人際狀態意識？（亦即你關注眼前發生的事情，並以適當、主動、具遠見和策略性的方式採取行動。）
5. 你在哪個場合或事件中沒有充分發揮人際狀態意識？（亦即你沒有察言觀色或發現弦外之音，因此說了或做了一些自己很後悔的事情。）
6. 為什麼練習保持人際狀態意識很重要？對你和周遭的人有什麼好處？
7. 為什麼我們有時候無法實行人際狀態意識？我們那時是否只顧自身利益？太

忙？分心？確信自己是對的？或者就是單純不在乎別人？

8. 對於保持人際狀態意識，你是否找到適合自己的訣竅？對於該如何提高逆流思維和察言觀色的能力，你有何建議？

這個測驗的用意可不限於自我反思，曾有一名律師詢問他能否把這些問題當成員工面試的提問。他說：「求職者都會說自己的社交能力良好，但口說無憑。這些問題能幫助我確定，這對他們來說到底是面試話術，還是他們真心看重的內在價值。」

學習社交技能沒有任何身分限制，而且這很值得

> 你認識的人越多，而且他們能透過正面的方式了解你，那麼你嘗試的任何事情就會越成功。
>
> ——布萊恩．崔西（自我成長書籍暢銷作家）

讓我們改編一下布萊恩．崔西的話。你因為練習保持人際狀態意識，所以就有越多人能透過你所展現的良好面向認識你，那麼你所做的任何事情就會越成功。

在本章開頭那位提出問題的人力資源總監說：「我很高興知道只要有心，不管什麼時候開始學習人際狀態意識都為時未晚，大家在任何年齡都可以提高社交技能。我身邊有一些高階經理固執己見，抱持『我就是這樣的人』的僵化心態，覺得自己不可能學得來。我都會告訴他們，無論職級有多高，無論專業技術有多好，如果你沒有良好的軟技能，就會撞到職涯天花板。」

她說得沒錯。正如克萊斯勒前首席執行官李・艾科卡所言：「如果你無法與人相處，你就不屬於這行，因為這一行就是圍繞著這一點打轉。」不管你的年齡和人生階段為何，學習如何與他人更好地相處都是件很值得的事，這會讓你以及你所關心的人，生活變得更美好。

培養人際狀態意識的提示卡

想像你是一位老師，要處理校長、家長、學校董事會和教職人員彼此衝突的優先事項，同時還要隨時留意精力充沛的學生。此時，有名家長抱怨他的孩子被同儕戲弄嘲笑。

該拋棄的話語	該使用的話語
專注於自私考量 「你知道我今年連個助教都沒有嗎？」	**著眼於更廣大的利益** 「我很高興你告訴我這件事，這樣我們就可以解決它。」
忽略現場氣氛 「我完全沒有注意到羅柏在煩亞倫。」	**理解並主導對話** 「我會調整他們的位子，這樣兩個人就不坐在一起了。」
目光短淺 「要我每分每秒盯著他們是很不切實際的要求。」	**保持留意** 「亞倫是個敏感的孩子，我會確保他在學校裡有安全感。」
關注自己的安排 「我會盡力而為，但你要記得我得管二十五個孩子。」	**制定彼此共同的安排** 「對於如何鼓勵亞倫為自己挺身而出，你有什麼建議呢？」
忽視直覺 「他似乎有些不對勁，但他說他很好。」	**依據直覺行事** 「我會跟羅柏討論他的行為，並讓他負起責任。」
只考慮當下 「我很高興我們有談這件事。」	**逆流思考** 「我上課時會放一部探討相關議題的電影，這樣就能加以預防。」

3

樹立主動善待的榜樣

溫柔以待。不要讓世界使你變得苛刻。不要讓痛苦使你產生仇恨。不要讓苦澀奪走你的甜蜜。即使世界上其他人不認同，也要為自己依然相信這是一個美麗的地方而深感驕傲。

——伊恩・湯瑪斯（作家、新媒體藝術家）

「我每次看新聞都覺得很沮喪，總是充滿人對人做出毫無人性的行為的案例……感覺各種無禮、暴行成為當今的社會風氣。請問你對於『為何要在別人不尊重我時，我仍該尊重對方』有任何說明嗎？」

你是否有時也覺得這個世界發生的一切，好像都讓你變得越來越冷酷或充滿仇恨？如果別人將情緒發洩在你身上，讓你也想要傷害回去該怎麼辦？你是否老是自問，為什麼你就該善於交際，但其他人好像不需要？

我想你可能聽過這個寓言，講的是一位長者教他的孫子如何贏得情緒之戰。一位祖父正在教導孫子人生智慧。他對孫子說：「我內心正在進行一場鬥爭，這是兩匹狼之間的可怕戰鬥。其中一匹是邪惡的——憤怒、嫉妒、自我中心；另一匹是善良的——愛、仁慈、同情心。每個人內心都在進行同樣的鬥爭。」

男孩問：「哪匹狼會贏？」

祖父回答：「你餵養的那匹。」

人在緊繃的狀況下很容易變得憤怒和不耐煩，所以有意識地選擇餵養愛和同情心的狼符合我們的最大利益。無論是短期還是長期來看，我們待人接物的方式都是我們對這個社會所留下的影響。我們每天都有責任意識到這一點，並以自己引以為豪的方式表現出來。

你可能會想：「我認同你的話，但有時候就是很難做到啊！」這就是為什麼我想分享接下來的例子，說明當我們選擇富同情心時會發生什麼事——即使有時看起來我們所面對的人並不值得。

我的凱伊阿姨八十四歲了，每個禮拜依然會花五天開車去當地醫院擔任志工。在新冠病毒疫情最嚴峻的日子裡，她擔任服務台志工。我問她在這種壓力極大的環境下工作是什麼感覺，她說：「無論別人如何對待我，我總是竭盡全力保持冷靜、富同情心，並盡力提供幫助。對於沒有被隔離的病患，我們醫院的政策是『禁止訪客』或『每天限一名訪客』。所以不難想像，很多人因為無法陪伴親人而悲痛欲絕。我是第一線的接洽人員，當然就有人會把憤怒發洩在我身上。」

「如果有人罵你該怎麼辦？」

凱伊阿姨說：「昨天才剛發生過這種事。有位太太衝到我的辦公桌前，驚慌地拿著她的手機說：『我女兒剛剛發了簡訊給我！她出了意外，現在在急診室！我得馬上去見她！』

「我告訴她，『我先聯繫看看發生了什麼事。』我打電話到急診室，值班護理師告訴我，已經有人陪在她女兒身邊了，所以沒辦法再讓媽媽進來。我告訴媽媽這件事時，她整個人很失控，一邊抽泣、一邊對我尖叫。我當然不喜歡被人大吼大叫，但我設身處地去想，如果我女兒在急診室，但我無法進去看她，我會有什麼感覺？

「這讓我有動力去想辦法，而不是一味告訴她『醫院政策就是這樣，我無能為力』。我說：『我試試看我能做些什麼。』我再次打電話到急診室詢問是誰和女兒在一起，護理師發現是優步司機。我請司機聽電話，解釋目前的情況，並感謝他的幫助，他離開後，媽媽就可以進去陪伴女兒了。」

這是主動善待的有力示範。凱伊阿姨跳脫框架，看看是否有辦法可以提供幫助。她沒有因為被人大吼而感到不悅，而是抱持同理心，能夠看穿行為並理解這個人的心理。

主動善待的力量

> 消極只會讓艱難的旅程變得更加困難。你或許拿到了一棵仙人掌，但你不必坐在上面。
>
> ——喬依斯．邁爾（牧師）

當生活給了我們一棵仙人掌，就像凱伊阿姨遇到的情況那樣，我們就有了選擇：可以直覺反應，或機智地扭轉局面，造福所有人。

本書的一大前提正是選擇「擺脫仙人掌」並且懂得隨機應變，對所有人來說都是一件好事。我們無法掌握別人如何對待自己，但可以掌握自己如何對待他人。我們選擇友善待人時，大多數人也會選擇以友善的方式回應。如果他們基於個人因素而沒有這樣做，至少我們盡了自己這半邊的力。如此一來，我們在回顧每一天、甚或是臨終反思之際，都能知道自己為世界帶來了美好的價值。這才是我們能掌控的，而且非常重要。

我想用「反應」這個字來對照，藉此定義我所謂的「主動善待」為何。「反應」是指「通常因壓力或情緒不安而以有敵意、反抗或相反的行動方式做出回應」。「主動」意味著「透過引發某件事來創造或控制情勢」。換句話說，「反應」是指我們說出或做出腦中想到的第一件事，未曾考慮後果。「主動」則是讓人際狀態意識在我們採取行動之前，先預測後果，並選擇讓事情變得更好、而非更糟的方法。

對我來說，「善待」代表「盡心盡力地樹立真誠、同理心和善意的榜樣，即使對方不欣賞或沒有回報這個善意」。請特別注意這句話的後半段，「善待」不是基於互利，並不是只有確定會得到回報時才做，否則就會變成有條件的付出。我們的目標是無條件地給予善意，這是一個人生選擇。並不是只有像德蕾莎修女、前南非總統曼德拉、大主教戴斯蒙·屠圖、人權鬥士馬拉拉和達賴喇嘛這樣的人，才能夠體現和給予善意。我們每個人都可以努力像他們一樣生活，就像印度聖雄甘地說過的：「我的人生即是我要傳達的信念。」

你想因什麼理由而為人所知？成為一名溝通聯繫者？和平締造者？誠信的範例？主動善待的典範？請現在釐清這點，這樣在你遭遇最困難的情況時，它可以成為黑暗中指引你的明亮燈塔。

主動善待可以成為救贖

在一個你可以成為任何人的世界裡，請務必善良。

——康妮．舒爾茨（記者）

如果你正處於非常考驗耐心的情境，這裡有幾句話可以讓你保持積極，主動給予善意，第一句話是：「我會感覺如何？」

「如果這件事發生在我身上，我會感覺如何？如果我在對方的處境，我會有什麼感覺？如果我是這起事件的受害者，我會有什麼感受？」

還記得那位媽媽對凱伊阿姨大吼大叫時，她做了什麼嗎？她問自己：如果是我的女兒在急診室，而我無法進去探望她，我會有什麼感覺？這句話將她的不耐煩轉化為同理心，並激勵她想要提供對方幫助。

凱伊阿姨經常採用的另一句話是：「如果你願意讓我試試看的話，我會盡力幫助你。」這常常讓原先失控的人恢復理智，因為他們意識到你不是敵人而是盟友，並且有可能不會再把壓力發洩到你身上。

另一種快速擺脫挫敗感，並重拾善意的方法是花點時間問自己：我將說出口的話會讓對方有何感受？

這是來自於我的經驗之談。那時我在寫書，交稿日快到了，時間很寶貴。有位客戶介紹一名想要進行TEDx演講的同事給我，我同意提供三十分鐘的免費「策略諮詢」來協助對方。然而通話時間改來改去，她在遲到二十分鐘後終於打電話來，心神不寧，還找了各種藉口。她聲稱自己「找不到」我的電話號碼（明明就寫在確認預約的電子郵件上），接著便針對最近幾周的生活狀況展開漫長的獨白。

我通常是非常有耐心，但這次真的太離譜了。我既不滿她忘記約好的時間，也很火大她好像覺得我提供免費諮詢是理所當然，更別說她這樣劈頭就把個人問題（最近的離婚、健康狀況）丟出來轟炸我。接著，我意識到此時該回歸內在，並實踐我平常所教授的內容了。

惱怒常常來自小我。惱怒是建立在「你不知道我有多忙嗎？你難道沒有意識到我已經為你抽出時間了嗎？」的心理上。至於感到氣餒挫敗，則是清楚指出我們只關注自己的感受，而非對方的感受。

如果我繼續只關注自己的感受，事情就不會善終；相反地，我開始觀察：「聽起來你正在經歷一段很不容易的時期。」

她大哭道：「我是！非常感謝你的理解！」

我意識到自己正在聆聽的對象是一名身陷痛苦中的女子，意外的離婚奪走了她的生產力和內心平靜。從她的角度看問題讓我思考：我怎麼做才能幫她振作起來？我要用什麼話來鼓勵她繼續前進，也讓她對自己和人生感覺好一點？

我說：「我們還有幾分鐘時間。你需要一些釐清演講主題，為TEDx演講做好準備的實用技巧嗎？」

她深深嘆了口氣。「這對我來說幫助很大。」

我分享了一些技巧，在結束通話的時候，她說：「你永遠不知道你的善意對我來說有多重要。」

「化鄙視為同情」的五秒開關

鄙視是弱者的武器，是為了抵禦遭受輕視和不受歡迎感覺的手段。

——愛麗絲・米勒（心理學家、作家）

我承認，那次電話諮詢的一開始，我的心情並不好。我一直有一種感覺，就稱之為「鄙視」吧。鄙視是一個很強烈的詞，而不耐煩是低層級的鄙視。我們不耐煩的時候，就會忽視對方身上值得考慮的事。我沒有考慮到這位女子正處於低潮，這可能不是她平時的狀態。意識到她話語中的痛苦，幫助我對身而為人會遭遇的困難產生共感，態度便從鄙視轉變為同情。

我們可以透過以下這個問題來做到這一點：「這個人正在經歷什麼樣的事情，可能導致他這樣做？」這個簡單的問題可以幫助我們了解，對方的所作所為可能不是他們生命中的常態，而是焦慮、悲傷或個人創傷導致的結果。當我們不僅是看到行為本身，而是可能導致此行為的原因時，就能明白這些表現的緣由，那是我們開始關懷人類同胞的時候，那時我們就有動力以他們應得的寬容對待他們。

心理學家高曼經過數十年的研究之後發現，「鄙視」是一段關係陷入困境的最重要跡象。他在接受CNN訪談時表示，「如果有人傳達出厭惡對方、居高臨下並表現出比對方優越的訊息，那麼要解決兩人之間的問題幾乎是不可能的事。」

除此之外，高曼的研究發現，互相鄙視的夫妻比不互相鄙視的夫妻更容易罹患傳染病（感冒、流感等）。他說：「鄙視是所有關係殺手中最具毀滅性的。鄙視會破壞心理、情感和身體健康。」

你的生活中是否有某個人令你感到鄙視？聽過「親近生侮慢」這句話嗎？有可能你和這個人相處久了，便開始對對方產生負面評價，不再從對方的角度看問題。以下六個問題能夠將輕蔑轉化為同情：

1. 導致對方出現這種行為的理由是什麼？
2. 我是否覺得自己比對方「更好」或者更優秀？
3. 如果我是對方，我會有什麼感覺？
4. 如果我繼續鄙視對方，他會有何感受？
5. 我怎樣才能以積極主動、寬容的態度對待他們，從而讓自己內心平靜？
6. 我怎樣才能更富有同情心地對待他們，讓我們成為盟友而不是敵人？

思考對方背後的動機，將反感轉為同理心

請以你希望對方成為的樣子為待人標準，如此就能幫助人們成為他們有能力成為的人。

——歌德

另一個將不耐煩轉為同理心的例子來自於一名學員。他的母親已經在療養院待了三年，每周六要開車去探望老人家，對他來說曾經是場惡夢。因為她每次都在抱怨——抱怨室友、抱怨沒有人來看她、抱怨這裡痛那裡痛的。

他分享自己是這樣克服恐懼感的：「我問自己，如果每周七天都得躺在床上十八個小時，會有什麼感覺？如果隔壁床的人老愛把電視聲音開得很大，讓我幾乎沒有獨處、思考的時間，我會有什麼感覺？如果每天早上我都覺得全身不舒服，而且顯然痊癒無望，我會有什麼感覺？

「『我會有什麼感覺』這個句子讓我擺脫了沮喪。當我想到媽媽的日子是怎麼度過的、當我停下來思考她為我所做的一切時，我意識到自己能做的就是每周六花點時間陪伴她，給予更多支持。

「接著我問自己，為什麼媽媽總是抱怨？我發現她沒有其他事情可以聊，所以我帶了一本相簿過去跟她一起翻閱。舅舅的一張搞笑照片讓我們笑到停不下來，我們家山間小屋的照片則讓我們整整聊了一個小時的相關回憶。現在，每周六我都會帶一項『道具』幫助我們找到可以聊的話題。」

4 針對困難對話的PLAN

不要碰運氣，要提前做好計畫。

——莎曼・霍恩

「念大學的外甥為了省房租，所以借住在我們家。問題是他經常大聲放音樂、未經我們允許就邀請朋友過來，並且常常一個人吃光冰箱裡的食物。我需要跟他『溝通』，但是他非常有主見，應該不會輕易接受我的要求，你可以幫忙嗎？」

類似這樣的情況對多數人來說都會有壓力。我很同情這位阿姨，這些狀況很少會自行好轉，這取決於她如何設定期望和執行方式。我教她以下方法來為這次具有挑戰性的溝通做好準備，增加對話順利的可能性。

用PLAN四步驟準備開啟有挑戰性的對話

如果你沒有計畫，你就是在計畫以失敗作收。

——亨利・福特

閱讀這些步驟之前，請想像一下你需要進行一段困難對話的情況，對象可能是同事、家人、鄰居或廠商。你在組織想說的話時，不妨記下一些想法，這可以確保你說的話夠清晰，還可以促成改變，而不是廢話一堆，讓對方左耳進、右耳出。

P——用一句話表達你的目的：如果我們不知道目標是什麼，就很難堅持住。你的最終目標是什麼？希望發生什麼事？請將它精簡成一個簡潔的句子，這樣就很容易被記住和實現。一定要清楚表達出你「想要」什麼，而不是你不想要什麼。如果你說「我希望我不會張口結舌，忘記我想說的話」，你猜會發生什麼事？有幫助的說法是：「無論如何，我都會保持專注並維持冷靜。」

L——了解對方的PIN：做好功課，弄清楚對方的優先事項（P，priorities）、興趣（I，interests）和需求（N，needs）。你能在對話開始就讓對方知道，你知道他們重視的事物為何嗎？先提及他們的優先事項、興趣和需求，讓他們知道接下來的對話值得參與。

A——預測反對並讓它無效化：為什麼他們要同意你的提議？如果你不說出來，他們就無從得知，只會等你把話講完，然後告訴你為什麼行不通或做不到。取得反對者支持的方法，就是預測並解決他們的反對意見，然後說明為什麼這些反對意見可能不是問題。

N——陳述新方向：一間知名出版社的前任執行長曾告訴我：「我出版一本書的首要標準是，這本書會造成什麼改變。」他說得沒有錯，同理可證，除非我們說明自己的提議會怎麼樣改善情況，否則單純告訴他人我們為何覺得不滿，只會讓對話走進死胡同。你要如何提出更好的方法來處理這個問題？你希望對方採取什麼行動？你希望他們在想法和行為上做出哪些改變？你本身又會採取哪些折衷的措施？

前面那位要和外甥討論的女士回報了後續發展：「成功了！我採用你的建議，並在談話開始時清楚表達，我和先生都很高興他願意為了減輕家裡負擔來借住，我們也很樂意幫忙。然後我說：『我很抱歉我們沒有從一開始就講好基本的生活規範，讓彼此的磨合可以更順利。』

「我們接著討論外甥身為住在這個家的一分子，可以在哪方面調整，讓我們大家相處起來都更自在。他同意之後聽音樂會戴上耳機，也同意跟我們兒子一起遵循相同的家規，主要是在約朋友過來之前要先詢問。還有盡量只吃自己買的食物，而不是一個人掃完冰箱裡所有東西。預先計畫好這次的談話是事情進展順利的一大關鍵，我們得以讓他保持開放的心態，而不是充滿防衛地想著『你又不是我媽或我老闆』。」

讓自己「說」向成功

安妮一直很擔心年邁的母親，但是又很怕跟母親談論請她搬到養老社區的事情。安妮解釋：「我媽非常獨立。這項討論我已經拖了好幾個月，不希望她因此把我拒於門外。我後來意識到自己其實是在想像最糟糕的情況，所以便使用你的PLAN方法想像最佳情況。我預約了一位心理師，她的專長是協助客戶度過這類需要審慎處理的轉換期。心理師建議我不要『表達我的擔憂』，急著告訴媽媽為什麼我認為這是為了她『好』，而是去詢問她想要什麼。

「我對事情的發展非常驚訝。媽媽承認這幾個月她摔倒了好幾次，但沒有告訴我，因為怕我擔心。她也承認，雖然很愛這個住了三十年的家，但自己住其實很孤單，還說到她對家裡堆積的雜物感到不知所措，不知道要怎麼斷捨離。

「這可能是我們母女之間最誠實的一次對話。我聽的比說的多，發現她內心認為這意味著她人生自由的句點，我能理解她對此有多麼害怕。」

安妮說：「在她傾訴完心裡話後，我主動多待一周，這樣就可以一起整理她的房子，一間一間打掃，決定什麼要保留、什麼要送給親朋好友、什麼要扔掉、什麼要捐出去。

「我也請了一位專業的整理師瓊恩，她很有經驗，幫助我們做出困難的決定。瓊恩反覆提醒我們：『我知道這件物品不便宜，但問題是，你愛這個東西嗎？你需要它嗎？你會用到它嗎？』我們邊整理邊播放老歌，並在接下來的七天裡分享、回憶過去。我離開之前，跟媽媽與我的心理師進行了一次線上討論，心理師還根據我媽對退休社區的優先需求——要有游泳池和讀書俱樂部，做了一些研究。」

安妮說：「我是你ＰＬＡＮ方法的死忠支持者，它有助於將我擔心可能破壞關係的事情，轉變為對所有人都更好的發展。」

將ＦＵＤ轉變為一個正面故事

我的兒子湯姆是在美國太空總署工作的航空工程師，他向我介紹了「ＦＵＤ」：

恐懼（fears）、不確定性（uncertainty）、懷疑（doubts）。他最初幾個月所接受的訓練包括針對國際太空站上可能出現的問題一次又一次地模擬。如此一來，如果真的出現問題，他和其他飛行控制員就可以快速地做出反應，而不會因FUD而動彈不得。

有一天晚上他睡不著，所以決定早點去上班。湯姆一抵達，他的控制台就像聖誕樹一樣亮了起來，出現了一系列故障。湯姆甚至沒有時間提醒飛行指揮官（任務控制中心的高階人員）；他只是趕快提醒旁邊的人有情況，然後大家開始分析可能的原因。等片刻之後飛行指揮官抵達時，猜猜湯姆對他說的第一句話是什麼？

「我已經完成模擬。」他研究了眼前這個情況，練習修復它所需的步驟，並且已經著手。

有些如履薄冰的情勢會讓我們措手不及，需要預先了解狀況、迅速思考並立即反應。在這種情況下，明智的做法是以美國太空總署訓練準則為榜樣並模擬。

你正在處理的情況中，有哪些是你不想要或不需要的？是心事重重而沒有給予你全部關注的伴侶嗎？老闆在同事面前批評你？鄰居家的狗一直亂叫？

想像一下你會在何時何地提出這個問題，對方會如何主動回應，在心裡模擬當你提出這個問題時可能會發生什麼事。你要如何解決他們的優先事項、關心之事和需求，好讓他們有動機給你一次機會？他們會說什麼？你要如何冷靜而簡潔地回應？你要如何提出對雙方都有利的解決方案？

從現在開始，不要即興發揮，而是把時間花在研究如何利用ＰＬＡＮ來影響這段互動。事情的結果可能並不完全如你所願，但絕對會比你不花時間思考來得更好。

針對具有挑戰性對話的 PLAN 提示卡

你年邁的父親正處於失智症的早期階段，最近他開車回家時迷路了兩次，有時也會完全失去方向感。他很重視自己要有獨立外出的能力，但你認為現在為了他和旁人的安全著想，不能再繼續讓他開車了。

該拋棄的話語	該使用的話語
即興發揮 「我很害怕要開啟這段討論，但就讓我們開始吧。」	預先使用 PLAN 「我要先跟心理師討論，了解有哪些技巧或建議，可以讓爸爸聽得下去。」
只在意你的 PIN 「爸，你開車出去會讓很我擔心。」	聚焦在對方的 PIN 「爸，我知道你很重視自己可以隨時開車去想去的地方的自由和能力。」
資訊過量 「我研究過了，統計數據表示你發生車禍的風險已經大幅增加了。」	陳述新方向 「現在的叫車服務很方便，你還是可以隨時去你想去的地方。」
FUD 故事 「不讓他開車，爸永遠不會原諒我。」	信任故事 「我相信我有責任點出這個問題，如果過程中我都保持同情心，爸會理解的。」

PART 2

在激動時刻保持冷靜

不要讓他人將你拉進他們的風暴中，
要將他們拉入你的和平境地。

——佩瑪・丘卓（比丘尼、作家）

如果有人……時，我該怎麼應對？

5 無禮？

別那個樣子看我。
——朵樂希・帕克（諷刺作家）

「不知道是不是只有我這樣覺得，還是這個社會真的越來越無禮了？我是遠端工作者，整天都在視訊通話。在許多會議中，我甚至看不到對方的臉，因為大家都不開鏡頭，有些人好像就把這一點當成擋箭牌，大肆展現惡劣的一面。針對這點，請問有什麼建議嗎？」

有這種感覺的絕對不是只有少數人。心理學者道森（Joe Dawson）在二〇一八年發表的一篇文章中，證實「匿名制度」的確容易導致人們做出反社會行為。道森表示：「匿名會讓人很容易做出有敵意、不專業或不道德的行為。」他引用了史丹佛大學教授菲利普・津巴多的研究，「顯示匿名與霸凌行為之間的連結。研究人員發現，許多人在隱藏自己的面孔和名字之後，往往會表現出無禮、攻擊性或非法行為。」

也就是說，有些人在不是面對面的場合，會感覺不到有助於他們維持體面正直的人際關係連結。只要他們看不到對方受傷或被冒犯的表情，就不去考慮自己採取微歧視（microaggression）言行的後果。我們要如何在虛擬環境中建立人與人之間的連結，進而鼓勵大家當個「文明人」？在第十九章中，我會針對如何建立和執行規則提供更具體的建議，幫助大家進行積極、成效良好的遠端（和實體）會議。現在，我們先聚焦在把無禮轉化為尊重的具體做法。

你一定聽過一句話：「這不是針對你的，我只是就事論事。」然而，所有的「事」都是與「人」有關。即使我們身處地球的兩端、不開鏡頭對話，明智的做法依然是記住我們面對的是活生生的人。越是牢記這一點並選擇在我們的互動中注入人性溫暖，就越有可能與他人融洽相處，並享受與他們的互動。

這裡有六項建議，能為融洽且互相尊重的互動奠定基礎，這些建議或許無法面面俱到，但起碼是一個好的開始。

如何將無禮轉化為尊重

我們都需要並想要受到尊重，無論是男人或女人、黑人或白人。這是我們的基本人權。

——艾瑞莎・弗蘭克林

1. **了解人們為什麼無禮**：在急躁匆忙的當今社會中，人人都面臨著時間壓力，很容易選擇在網路世界宣洩內心的不耐煩，因為感覺不像是在與真人互動，而只是在螢幕上輸入文字、快速打出訊息、回覆電子郵件。他們不會多加考慮所說的話語會給你帶來什麼感受，因為從某種程度上來說，你不是真的——雙方進行交流的電腦或手機等3C產品，都是沒有感情的無生命體。然而這不是合理化這種態度的藉口，我只是單純解釋為什麼有些人會用惡劣的言行對待他人。

2. **請以自己內心的平靜為優先**。不要讓別人的情緒或差勁的行為影響你一整天的心情；換句話說，不要讓他們把你拉進風暴中，而是讓他們進入你的平靜。一個不錯的應對方法是找到一句對你有幫助的「咒語」，每當面對惡言惡語，你就專注地在心裡複誦，不去反覆回想這些糟糕的人事物。我的朋友伊凡分享過一個故事。他的某個家庭成員很喜歡丟出各種爆炸性言論，就為了「煽風點火」。心理師建議其他家庭成員往後都採用中性的「嗯」回應，然後繼續原本的話題。心理師告訴他們：「請記住，她這樣做就是為了成為你們的關注焦點。所以不要爭吵，不要反對——無論如何，都不要有反應就對了。因為只要一有回應，就會鼓勵她繼續說一些令人難以容忍的話，因為她知道這招有效。」伊凡說：「她果然在下次聚會開始說亂七八糟的話，我們其他人只是『嗯』了一聲，然後繼續原來的對話。雖然花了一點時間，不過這個喜歡引戰的家人最終放棄了，因為這招對我們沒有用了。」

3. **消除那些會激怒人的爭吵用語**。有些詞彙會塑造出有敵意的語氣，無意中強化了無禮感。本章的後面列出了需要避開的用語清單，以免不必要地激怒（你和他人的）情緒。

4. **用友善的字句來營造禮貌的語調**。你可以使用請、謝謝、感謝、不客氣、感激、期待和很幸運等字句來讓那些難相處的人不再如此難相處。

5. **溫和點出對方的不當言行**。如果有人堅持要表現出不尊重的態度，請禮貌地提醒他們注意。你可以這樣說：「你是故意這麼說的嗎？」「如果你願意的話，我正在盡力幫忙。」「請以尊重人的方式與我交談。」「我理解你對發生的事情感到不安。不過，請設身處地為我想一下這封電子郵件帶給我的感受。」

6. **了解無禮有傳染力，而尊重也是。**佛羅里達大學的一項研究發現，「工作場所的無禮行為不僅令人不快，而且還會傳染。遇到無禮行為會讓人更有可能以不禮貌的方式回應，進而像病毒一樣傳播無禮行為」。這項結果可能難以讓人感到安慰，但還是可以讓我們從正確的角度看待事情。每當有人對我們無禮時，很可能是他們稍早才受到別人無禮的對待，而他們只是繼續「傳遞」它罷了。好消息是，你可以透過發揮同理心，扭轉他們的這一天。從此刻起，你就能引發尊重的漣漪效應，對這些無禮的人以及後續要與之打交道的每個人產生正面影響。

引發尊重的漣漪效益

我一個人無法改變世界，但我可以用一顆石頭激起千層浪。

——德蕾莎修女

我的妹妹榭莉同時也是我的業務經理，她就是展現出尊重他人如何產生持續漣漪效應的最佳範例。每次我出席演講活動，活動窗口經常說的第一句話是「你能不能複製一個榭莉給我們？」他們告訴我與她共事是非常愉快的經驗，我的諮詢客戶也有同感，經常向我讚揚她熱情的專業精神，並表示多希望有更多像她這樣的人與他們一起工作。榭莉總是願意花額外的時間展現人情味，她會詢問客戶住院的父親的近況，或者詢問他們假期過得如何，又或者在他們的生日時送上最美好的祝福。

你知道甘地的名言「成為你希望看到的改變」嗎？榭莉正是「成為你希望聽到的語調」的活生生典範。「語調」是由遣詞用字、態度、氣氛和感覺組成。處理負面行為時，我們的目標是使用能夠營造占優勢的語調、態度、氛圍和具有尊重感的話語，以讓別人有動力仿效我們的示範。

用友善語句代替爭吵語句

溝通的準確性比以往任何時候都更加重要，因為一句被誤解的話可能會像突發的輕率行為一樣造成災難。

——詹姆斯．瑟伯（作家）

以下只是一些可能導致意外衝突的爭吵語句，以及能帶來合作與協助的更積極主動對應語句。

爭吵語句#1：不能……因為……「你不能和朋友一起玩，因為你還沒有寫完作業」或「你不能看電視，因為你還沒有完成家事」，這些句子就像當著某人的面關上一扇語言之門，對方會認為我們拒絕他們的請求，並且將這句話視為消極的最後通牒，而因此怨恨我們。

友善語句#1：完成……就可以……請感受這兩句話的不同：「你寫完作業就可以出去玩。」「等你做完家事才准看電視。」一名媽媽告訴我：「我的孩子之前常常覺得我講話很煩，說我一直拒絕他們的請求。我後來意識到，鼓勵他們願意把分內的任務完成，就可以做自己想做的事是比較好的表達方式。這會讓他們負起責任，而不是認為我在阻止他們得到想要的東西。這樣的用字改變，也改善了我們的親子關係。」

爭吵語句#2：你必須……「你必須打電話給你媽，告訴她我們這個周末不能去」或「你開車回家的路上必須去加油」，這些都是命令，會讓對方心裡不太高興——你又不是我的老闆！

友善語句#2：可以麻煩你嗎？「能麻煩你打電話給你媽媽，讓她知道我們這個周末不能去嗎？」或「可以麻煩你開車回家的路上去加油嗎？」將命令轉變為禮貌的請求，更有可能引起自願性的合作，而不是勉強服從。有位男士跟我分享：「我總算知道為什麼愛從我們的婚姻消失了，我們像小屁孩一樣愛指揮對方。我和太太都同意要重新把禮貌帶回這段關係中，沒想到我們都再次愛上彼此！」

爭吵語句#3：問題／沒問題。「我對這個沒有問題」、「沒問題」、「我們還有其他需要討論的問題嗎？」、「你有什麼問題嗎？」對於大多數人來說，「問題」這個詞意味著有什麼不對勁，很多人是出於習慣使用這個詞，卻沒有意識到我們讓自己留下這樣的印象：他們或我們有些不對勁。

友善語句#3：任何不帶「問題」含意的詞語。「好啊，歡迎你這樣做」、「很樂意」或「我們還有什麼需要討論的事情嗎？」了解這一點後，有名網路研討會的學員說：「真希望我周六就知道這件事。我兒子從大學打來電話說：『爸，我可以和你談談嗎？』我的回覆就是：『當然，兒子，出了什麼問題嗎？』我無意要給他『出了問題才知道打電話回家』的印象。下次我會說：『當然，兒子，很高興聽到你的消息。你想討論什麼事情？』」

爭吵語句#4：我什麼事都做不了。「我什麼也做不了」或「我沒辦法改變這一點」，這類「死胡同」的句子會讓人覺得我們對他們的困境不屑一顧、毫不在乎。

友善語句#4：有些事情……「有些事情是你可以做的……」在必須傳達壞消息的時刻，若我們表現出同理心，對方就比較不會拿我們當出氣筒。我們可以發揮巧思，提出可能的後續建議，而不是只顧著強調這不是我們的問題。有位腫瘤科醫生告訴我，這個觀點改變了他告知診斷的方式：「不要告訴病人『我們發現得太晚，現在無能為力了』，而是要說『我有個建議，這是相關支持團體的電話號碼……』我可能無法改變診斷結果，但至少可以向他們表明我關心他們。」

爭吵語句#5：總是、所有人、從不、沒有人。「你總是遲到」、「所有人都因為你失約而感到不高興」、「你從不聽我說」，或「沒有人珍惜我煮的健康餐，我最討厭你們這樣」。極端的「全有全無」用語會催生極端的情緒，容易引起對方的抗議，覺得這番言論過於誇大、失真。

友善語句#5：具體而非籠統的詞語。「你這周已經遲到兩次了，怎麼回事？」「你能放下手機，給我五分鐘的時間嗎？」「我努力煮了一頓健康餐，如果你願意分享你的想法，對我來說非常有意義。」一概而論是非常具破壞性的，相較之下，要求對方釐清或回饋是更有建設性的做法。一名女學員曾微笑地分享：「你可能挽救了我的婚姻。我很習慣使用那些全有全無的句子，例如『你從不幫忙做家事』或『我們在周末總是在做你想做的事』。從現在開始，我要請他去做我真正想要的事，而不是指責他做了我不想要的事。」

爭吵語句#6：可惜／遺憾的是……「可惜的是，這個周末我不能去看你們的足球比賽」或「遺憾的是，我們負擔不起」，這類型的句子會從電子郵件或對話中跳出來，成為對方唯一關注的事情。

友善語句#6：幸運的是……「這個周末開始我要出差，幸運的是，我下周六能及時回來看你們的足球比賽」或「這個行程超出了我們的預算。幸運的是，我們可以改去湖邊游泳，這是免費的」。這看起來似乎是一個微不足道的轉變，但它可以激勵大家去關心順利的事情，而非那些不順心的部分。

言語是交易的促成者還是破壞者

你生活的幸福取決於你思想的品質。

——羅馬哲學家皇帝奧理略

套用奧理略的話來說，「我們關係中的幸福取決於我們言語的品質」。我不是唯一一個這麼想的人，有次在訓練課程的休息時間，有名女子走過來對我說：「莎曼，就算我現在就必須回家，截至目前學到的內容也已經很值得了。這些爭吵語句都是我很習慣使用的，難怪我和老公、小孩總是相處不愉快。不過，我們該怎麼把這些友善語句都記住呢？」

我告訴她：「問得好。我之前都會告訴其他人：『我會把所有東西並列在一起，因為我認為這是最快讓複雜的思緒變清晰的方法。』」

請在一張紙的中間畫一條垂直的分隔線，然後把「沒有用的內容」放在左欄上方、「有用的內容」放在右欄上方。每當你討論一個議題時，請將破壞性或降低有效性的信念和行為放到左欄，然後將支持性或提高效率的信念和行為放到右欄——把不該做的事放在左邊，該做的事放在右邊。一旦把你的觀察濃縮成一頁有組織的視覺內容，就能做出總結，並且輕鬆記住。

我經常將「該拋棄的話語」和「該使用的話語」做成磁鐵，在演講期間發出去。一名媽媽告訴我：「我把你的磁鐵放在廚房裡，讓自己能夠對孩子使用正面的話語，沒想到孩子也開始仿效，這真是意想不到的獎勵！」

這是轉換語言的眾多好處之一，你周圍的人會注意到並經常自願採用這些能夠建立合作關係的話語，這對所有人來說都是勝利。

該怎麼應對無禮對象的提示卡

你是一名空服員，今天的航班因天氣因素延誤或取消，許多乘客又疲倦又焦躁，正在對你發脾氣，你該怎麼做？

該拋棄的話語	該使用的話語
不能……因為…… 「你不能喝飲料，因為起飛後半小時才會提供飲品。」	**在……之後，就可以……** 「在起飛半小時之後，您就可以點一杯飲料。」
你必須 「你必須等到輪到你的時候。」	**能不能請您** 「先生，您能等我把這些東西送完嗎？然後就會輪到您了。」
出現「問題」一詞 「所以你的螢幕有問題嗎？」	**任何不會暗示「不對勁」的句子** 「請讓我試試看能否讓您的螢幕正常運作。」
什麼也沒辦法…… 「我們什麼也沒辦法做，點心盒已經發完了。」	**有一些……** 「讓我看看我們前面是否還有一些花生或椒鹽捲餅。」
「全有全無」的話 「沒有人感謝我們辛苦地工作。」	**具體而不是籠統的話** 「我很感恩前一趟航班上的那位小姐一直向我們道謝。」
很遺憾／可惜…… 「很遺憾的是，我們必須待在停機坪上，直到塔台允許我們離開。」	**幸運的是……** 「幸運的是，我們可以在停機坪上等待，不必返回登機口。」

6 有爭執或是意見分歧？

我不會接受「可是」這個答案。
——蘭斯頓．休斯（詩人）

「我很害怕回家過節，我哥和我爸都非常直言不諱地表達他們的政治信念。去年的聚會就變成一場大吵，我哥氣得奪門而出，還發誓再也不回來過節了。雖然現在他和我爸又開始講話，但頻率還是很低。要怎麼樣才能避免今年的聚會再次變成一場災難呢？」

我們生活在一個益發二元對立的世界，大家不僅抱持強烈的觀點，彼此的觀點也常截然相反。

美國最高法院大法官露絲．貝德．金斯伯格向我們展現了在意見不一致時不必爭論。在一次訪談中，記者詢問她和來自不同政黨的安東寧・史卡利亞大法官為何可以一起去聽歌劇，她分享了這個時代我們都該謹記的十字箴言：「我們不一樣，我們是一體。」這是非常精彩的例子，充分展現出只要我們關注的是彼此的共同點而非衝突點，差異並不一定會造成分裂。

「但是」是一個爭端，「而且」是一座橋梁

我不同意你的觀點並不表示我恨你。我們需要在社會中重新認識這一點。

——摩根・費里曼（演員）

對此你可能會想「知易行難」，確實如此。我很感謝大學的哲學老師曾用很創新的方式向我們展現如何接納這種二分法。第一天上課，他在黑板上寫下「7＋2＝9」和「6＋3＝9」，然後告訴我們：「你做事的方式並不是唯一的方式。」他說這堂課的參與規則是進行「健康的辯論」，代表即使你不同意他人的意見，也要尊重對方。他要我們加以實踐的其中一種方法是禁止使用「但是」這個詞。他稱之為「帶來壞消息的『但是』」，認為這是促成大多數分歧的關鍵。

請閱讀這些句子並想像自己是接收者：

「我有聽到你所說的，但是……」

「你這次考試考得很好，但是……」

「我很想幫助你，但是……」

「我知道這對你很重要，但是……」

「對不起，但是……」

你是否覺得說話的人其實沒有在聽你說了什麼、指責你沒有做好、他們不想提供幫助、他們不懂這有多重要，也不是真心覺得抱歉？

這都是因為「但是」這個詞抵消了之前所說的內容，這個短短的詞創造了一種非此即彼、「正確vs.錯誤」的互動，使我們成為敵人，甚至會加劇衝突，因為我們似乎在對對方的言論表示異議。

那麼，要如何解決這個問題？很簡單，請把「但是」替換為「而且／還有／那麼」。

「我有聽到你所說的，還有你能告訴我你是怎麼得出這個結論的嗎？」

「你在那次考試中做得很好，還有你少寫了背面那一題。」

「我想幫助你，讓我和這位顧客說完，而你就是下一個。」

「我知道這對你來說很重要，那麼你對怎麼實行有什麼想法嗎？」

「我很抱歉發生了這種事，那麼讓我幫你聯繫服務專員。」

我開始相信用「而且」取代「但是」是用來防範衝突、產生合作最好的方式。我知道你可能會覺得我誇大其辭，只是多年下來，有數百人跟我分享了這個轉變如何戲劇性地大幅改善他們所有人際關係的故事。

有次我發現一位老朋友抱持某種讓我大為震驚的信念，「而且」的橋梁作用就派上用場了。多年來我們每個月都會互相通電話，我深深欽佩她是一位仁慈的僕人式領導者，因此聽到她說某個政客是「我們國家有史以來最好的總統」時，我真的驚訝到嘴巴掉下來。

我衷心無言以對，因為我的想法完全相反。通話結束後，我不確定我們是否會再次通話，因為這種分裂造成了良心危機，我尊敬的人怎麼會欽佩一個我認為是無良惡霸的人呢？經過深思熟慮，我們都認為，比起不同的信念，我們二十五年的友誼更重要。對我們兩個來說，政治就是所謂的「流沙型對話」。

我從小在加州南部的小鎮長大，常在乾涸的河道裡騎馬。我們必須留意流沙，因為非常容易陷入其中，而且很難靠自己的力量逃脫。我們會因為知道外面有流沙就停止騎馬？當然不是，我們會繼續騎馬，只是提高警覺、尋找流沙的跡象並且趕快避開。我想你已經明白了這個比喻。我和我的朋友決定繼續交談，因為我們還有很多其他事情可以討論，包括我們分享的許多價值觀和經驗，而不是只關注這一件我們沒有共同想法的事情。

你和朋友、家人是否有截然不同的觀點？你會和對方從此老死不相往來嗎？你們會大吵特吵嗎？還是改為聚焦在你們的共同點？如果你往後還會在聚會上見到他們，你可能需要提前詢問下述問題並確定要避免的流沙話題。

決定要不要發言的七個問題

我們每天都會遇到外星人，他們可以教導我們一些事情，通常是以抱持不同意見的人的樣子出現。

——威廉．薛特納（演員）

1. 這次聚會的參與者對某個議題是否有截然不同的信念？
2. 我們是否願意傾聽彼此的意見，並針對這個議題進行一段有建設性的對話？
3. 我們有可能改變彼此對這個議題的看法嗎？

4. 討論這個議題有什麼好處，還是會毀掉這場活動或這段關係？
5. 我們重視這次聚會，並且願意繼續舉辦嗎？我們是否珍惜這段關係，會想要維繫？
6. 如果是這樣，那麼關注我們的共同點而非衝突點，是否比較明智？
7. 為了共同利益，我們是否應該同意避開這個流沙型話題，好讓大家能夠好好享受這場活動並維護彼此的關係？

在過去的幾年裡，有數量多到令人沮喪的人告訴我，他們已經與某個朋友或家人斷絕關係，因為雙方不斷陷入撕破臉的爭吵。由於我們在某個問題上存在歧見而選擇完全不再見面，這真的是唯一的選擇嗎？與其放棄這段關係，宣布大家禁止討論這些議題會不會是更好的方法？你可以說：「顯然我們在這件事情上有不同的觀點，而我非常重視我們的友誼，不想讓一場歹戲拖棚的爭論危及這段友誼。我們來聊聊其他事情吧。」

想想那些與你意見不同的親人或朋友，你們共同經歷過的美好時光和互惠互助，很可能遠比衝突更多。你可以試著想像自己臨終的時刻，並自問什麼是更重要的。如果你和此人因為意見不同而斷絕往來，臨終前你會後悔並希望重新來過嗎？與你不認同的人保持關係並不代表犧牲你的正直和誠信。

我曾經與《後悔的力量》一書的作者丹尼爾・品克交談。他在看過從全球各地募集而來的數千份調查問卷之後，發現遺憾基本上有四種類型：

- 根基遺憾：「如果我完成了那項工作就好了。」
- 勇氣遺憾：「要是我當時抓住了那個機會就好了。」
- 道德遺憾：「如果我當時做了正確的事就好了。」
- 人際遺憾：「如果我當時伸出援手就好了。」

這也表示透過先去想像放棄一段關係的感受，有助於激勵你找出修復它的方法。也許你可以找一名中間人共同討論這個意見分歧的議題，好讓雙方都感到被傾聽。也許你可以使用ＰＬＡＮ解決這個問題，最終達成「尊重彼此擁有不同意見的權利」的和解之道。

正如《異鄉人》作者黛安娜・蓋伯頓所說：「沒有兩個人是讀同一本書。」我完全同意。只要我們都喜歡這本書，不必有同樣的心得也能享受同一本書。

敞開你的選擇

如何影響一天的品質，這就是生活的藝術。

我也遇過一名經理人反駁：「這種避開流沙型對話的想法可能適用於家庭，但無法用於商業領域。即使我們不同意客戶的觀點，還是必須跟他們打交道。」

我同意應用在客戶身上頗具挑戰性，而且你在第一次見面時通常不知道對方的流沙型議題是什麼。我的朋友麗貝卡熱愛即興脫口秀，她提供了一個可以在商業環境中使用的工具。

麗貝卡曾經想試試看自己有沒有可能成為單口喜劇演員，她去上課的時候，講師在第一堂課解釋了「是的，而且……」的原則。他說：「無論觀眾向你提出什麼想法，你都必須即興發揮並隨之起舞。就像音樂家即興演奏和弦來創作新音樂那樣，你的工作就是即興發揮想法來創造新的選擇。」

麗貝卡說：「這種心態確實教會你去接受一個不太喜歡的想法。你越習慣用『而且』去回應別人所說的任何事情，就會有越多的選擇出現，因為你的注意力放在怎麼讓事情順利運作，而不是為什麼不順利。」

「而且」這個詞在處理截然相反的信念時，能夠建立「我們是同一陣線」的心態，不會將彼此視為敵人並互相鄙視。

A＝Applying應用：在這個階段，你會不斷應用學到的技巧，並看到成果有所改善。就像練習球技一樣，你不斷磨練技能，雖然稱不上完美，但你很享受每一次的比賽，並且因為堅持不懈地比賽而表現得越來越好。

A＝Automatic自動：到了此時，新技能自然而然地出現了。你舉起球棒，開始思考如何處理投來的每一球，不再特別關注姿勢怎麼擺、揮棒如何施力，因為這些都已經成為你的一部分，如喝水一樣自然。正如前奧運跑者吉姆．朗恩所說：「動機是讓你開始的動力，習慣是你前進的動力。」

我告訴這名退休男士：「如果人際關係對你來說很重要，那麼一定要更加注意『而且』這個詞。如果你有動力做出這種轉變，就可以克服多年的習慣。不要只是為了自己而做，要為了每個與你互動的人這麼做。」

作家馬歇．葛史密斯說：「如果你希望別人改變，就給他們一個看到你改變的機會。」我們會在下一章討論更多改變語言的方法，讓其他人也有動力改變他們的語言，你們可以一起創造更好的成果。

彼此意見不一致時該怎麼做的提示卡

你的婆婆很樂於提供各種建議。雖然你知道她養育了一名優秀的兒子（也就是你老公），但你不同意她的某些建議，特別是關於你該如何教養小孩。你不想破壞這段關係，但也不希望她每次來家裡拜訪都會發生爭執。

該拋棄的話語	該使用的話語
說「但是」 「我知道你覺得無麩質食品很好，但是我認為這樣太極端了。」	**說「而且」** 「我知道你覺得無麩質食品比較好，而且我認為他在踢足球時吃點零食也沒關係。」
扮演敵人 「我知道你是好意，但我實在厭倦了你一直告訴我該怎麼做。」	**成為盟友** 「我知道你是好意，我很高興你關心孫子，我也是。」
斷絕關係 「我受夠了！我們家不歡迎你再來！」	**避免流沙型對話** 「你能尊重我們，讓我們以適合自己的方式來處理這件事嗎？」
認定自己無法改變使用「但是」的習慣 「我知道你認為你是對的，但是你對於……根本什麼都不懂。」	**把握機會調整這個習慣** 「看到我們冰箱上的『但是』標誌了嗎？這是提醒我們要停止使用這個詞。」

7 怪罪或羞辱？

你內心的想法即為你未來的樣貌。

——拳王阿里

「我們有次在為研討會活動包裝伴手禮品組，結果中途發現漏了兩樣贊助商提供的品項，導致必須全部重新包一次。我詢問怎麼會發生這件事，結果大家就開始互相指責。如果每個人都指責是別人的錯，這該怎麼辦？」

一如拳王阿里所言，你所說的話也會成為你未來的樣貌。一旦大家相互指責和羞辱，他們就變成了彼此的敵人。有個「化敵為友」的關鍵就是停止詢問「事情怎麼會這樣」，因為這是在鼓勵大家挑出錯誤，你不妨換個說法：「我們是要來尋找解決方法，而不是尋找錯誤。讓我們聚焦在現在能夠做什麼。」你也可以說：「相互指責並不能挽回已經發生的事情。不如讓我們想想有什麼方法大家可以有效分工合作，盡快重新包好這些伴手禮。」又或者說：「我們不要再這樣，繼續推卸責任會占用解決問題的寶貴時間，大家不如把握時間，重新投入眼前的工作，為明天的活動做好準備。」

前面示範的這些句子——我們是要來尋找解決方法、我們不要再這樣、把握時間、互相指責沒有幫助——都是阻斷眼前負面模式的用語，有助於將注意力從責備和羞辱轉移到共同努力解決問題，而非一味批評。

干預模式所能帶來的改變力量

如果不利用你的力量做出正面改變，你就會是問題的一部分。

——科麗塔・史考特・金恩（人權運動領袖）

最近你是否遇到大家爭相挑剔和指責的情況？從現在開始，如果發生這種情況，請使用話語來干預、阻斷這種負面模式。

干預模式的目的在於讓人擺脫當前的情緒或狀態，促使他們以不同且非習慣性的方式思考和行動。認識我的人都知道我很喜歡使用這類干預模式的語句，「好消息是」的效果驚人，可以將我（以及與我交談的任何人）的專注力從不喜歡的事物轉向可能會喜歡的。

和我一起工作的一名專案經理也養成這個習慣。有次她在做某個專案的企劃時電腦當機，她這麼對我說：「莎曼，壞消息是，電腦需要幾天的時間才能修好；好消息是，現在我有時間可以手動修改我們之前討論過的部分。」

請注意，干預模式要有效，關鍵是給大家重新開始的機會，而不只是中斷。「取而代之的是，讓我們……」這句話是將注意力從破壞性行為，轉移到更具建設性行動方針的極佳方法。

責備和羞辱是一種「不合理」且「有傷害性」的行為，需要有人介入來改善這樣的困境，並防止情況變得更糟。我在書中建議使用的遣詞用字，目標都是為了顧及眾人更大的利益。

一名同事告訴我：「爸媽和我一起對弟弟的行為進行了『干預』，因為他在某次手術之後開始對止痛藥上癮，逐漸變成一個我們都不認識的人，情緒波動很大。他一開始對於我們的干預非常火大，但他現在積極接受治療，希望能夠擺脫毒癮。」

同事又說：「我知道針對藥物濫用問題的相關干預措施，但從來沒有意識到也可以在人相互指責時進行小型干預。你的做法很有道理，因為對陷在其中的人生氣並不會改變他們的行為，因為這其實是一種自責。」

說得沒錯，主動干預的目的是引導對方走出負面模式，而不是讓他們繼續感到內疚。

你也可以透過肢體語言來阻止指責者和羞辱者。請像交通警察一樣舉起你的手，這是一個大眾普遍理解的停止信號。事實上，你在干預時同時結合語言和手勢會更有效。如果你在對方指責和羞辱時試圖交談，往往只會讓他們想用更大的聲音回應，導致理性的聲音被淹沒，因為你的行為跟他們沒有兩樣，只是音量不同。

如果對方在負面漩渦中越陷越深，請舉起手掌暫停，並說：「我們在這裡是為了確定未來方向，而不是怪罪過去已經發生的事。讓我們一起專注於討論如何讓事情繼續推進。」

有名工作坊的學員說：「我擔任兒子學校籃球隊的教練，有個手勢可以分享。」他像裁判一樣用雙手比出一個T字形，喊道：「暫停！」他的分享也非常實用，透過T字手勢與「暫停」兩字結合，一定會引起大家的注意。如果互相指責的情況越演越烈，請大大比出你的T，並請大聲地說：「暫停！繼續相互怪罪是沒有幫助的，不如讓我們……」

不要爭吵，解決問題

你當然可以寫一首關於個人情緒問題的歌，但在我看來，這不會是一首好歌，除非它已經從最初的敏感期，轉化到思緒清晰期。如果沒有經歷過清晰期，就只是抱怨。

——瓊妮．密契爾（創作歌手）

瓊妮．密契爾的見解很深刻，不論是對我們自己或其他人來說，主動干預模式的目標，在於釐清我們可以採取哪些行動，而不只是抱怨。

一名廣告公司的首席執行長告訴我，這個技巧幫助他在開會時解決ＶＩＰ客戶停止合作的問題。首席執行長一問：「為什麼會這樣？」相互指責就開始了。客戶經理布萊恩辯解說，事發當天他早上請病假，請接待人員通知創意總監喬許擔任職務代理人。接待人員說這不是他的錯，因為布萊恩應該自行聯絡喬許，喬許則說自己是無辜的，他從沒收到任何通知。

在過程中，首席執行長想起「不要爭吵，解決問題」的方法。他舉起手停頓了一下，說道：「我們可以花一整天反覆討論這件事到底是誰的錯，但這不會讓客戶回頭。不如我們主動聯繫，為發生的事情道歉，向對方保證這種情況不會再發生，並且主動提議明天去他的辦公室面對面討論，讓他選擇願意繼續與我們合作。」

往後總會有某個時間點有事情出差錯，相互怪罪也會隨之而來。請不要被動地讓它繼續下去，而是要主動干預，讓大家從指責轉向討論現在和未來能採取什麼行動。詩人亞卓安・芮曲說：「改變的時刻是唯一的詩篇。」如果運用得當，干預負面模式會是永遠改變人們行為的詩意方式。

大家相互指責和羞辱時該怎麼做的提示卡

你是一名服務生，端著裝滿食物的托盤從廚房出來，沒想到一名拿著滿盆髒盤子的清潔人員迎面撞到你。碗盤和食物掉了滿地，一場相互指責就此開始。

該拋棄的話語	該使用的話語
找出錯誤 「你走路不看路啊！」	**尋找解決方案** 「我們趕快清理乾淨，以免有人被這些碗盤絆倒。」
抱怨 「完蛋了！我要請廚師從頭準備這張單！」	**開始工作** 「廚師，很抱歉必須拜託您，可以重新準備這張三號桌的點單嗎？」
怪罪過去發生的事 「他們為什麼不在廚房門上標明哪裡進哪裡出 ?!」	**關注未來的解決之道** 「今天我要請經理在這些門上貼清楚的進出標示。」
指責對方 「不是我撞上你，是你撞到我吔！」	**干預負面模式** 「彼此怪罪沒有幫助，我們趕快一起解決，這樣就能盡快回到工作崗位。」

8

犯錯？

你最好的老師就是你最近犯的錯。

——拉爾夫・納德（消保律師）

「我負責幫我們的非營利組織培訓志工。現在的人都很敏感，一點小事就會生氣。我該怎麼樣提供回饋，才不會讓他們生氣？」

前澳洲網球好手——羅德・拉沃教導我提供建設性回饋的祕訣。羅德曾是我的老闆，有次在國家網球訓練營結束後的第二天，他問我是否願意跟他打一下網球，感謝我這幾周的努力工作。能跟有史以來最偉大的網球運動員之一對打，答案當然是「好」！

我每一球都打得不輕鬆，在整個場上跑來跑去，最後他打出一記偏弱的高吊

的速度這麼快，沒有人能讀得完。」員工可能會對這種片面的回饋感到不滿，覺得自己製作簡報所投入的時間心力完全沒被看見。

如果主管換個方式說：「我看得出來你花很多心思準備簡報，謝謝你。往後能否請你維持只使用十張投影片，每張裡面列出最多三個項目，以及使用二十四號字體，讓大家都可以輕鬆吸收精彩資訊？」員工就會更容易接受。

請多加注意這種稱讚努力和指導成果的結合，我再提供兩個範例：

「我很喜歡我們新網站的設計（努力），你能否再多加上公司使命宣言的欄位，好讓潛在客戶了解我們的價值觀（成果）？」

「謝謝你幫這次的募款活動編寫這份來賓服務指南（努力）。你能不能再放進我們的募款規範，讓大家都能清楚了解細節（成果）？」

如此一來，可以讓大家較無芥蒂地收到你的回饋，因為他們會覺得自己因為做得好的部分受到讚賞，而不是因為做不好的事情而受到批評。

有名工作坊的學員感嘆道：「真希望我的英語老師知道這一點！我去年從韓國搬到這裡，在社區大學上夜間的英語課程。每次只要我犯錯，老師都會立刻當著大家的面糾正我……他從不去注意我做對了什麼，只注意到我做錯了什麼，所以我變得不想在課堂上提問。」

這名學員的經驗反映出一點：回饋的比例很重要。如果只聽到別人說我們做得不好，我們常常會退縮。批評會摧毀我們的精神並扼殺好奇心。我們不想冒著在同儕面前被羞辱的風險，所以便將自己從競爭環境中抽離，這樣就不會因為被罵而給人很笨的感覺。更糟糕的是，我們被糾正的方法往往是獲知「當時可以」或「當時應該」做什麼，這種事後諸葛讓人感覺像是遭受一陣口頭攻擊。

這就是為什麼「獎勵進步」並將譴責轉化為「建議」至關重要：

獎勵進步：「我看得出來你在家裡有念書。」

建議：「如果你語速可以再慢一點，並在字與字之間停頓一下，我們就更能理解你在說什麼。」

感覺到不同了嗎？順序很重要。先獎勵，這樣對方就有動力繼續嘗試，然後我們再推薦具體的改善方法。在正確執行的情況下，給予建設性的回饋是一種餽贈，而不是一種冒犯。

提出你想要收到的回饋類型

世界上沒有任何熱情能與改變別人手稿的熱情相媲美。

——H・G・威爾斯（英國科幻小說家）

有名女學員跟我說：「真希望我的寫作小組能夠參加這次工作坊。上個月輪到我的作品接受評論，他們很認真執行這一點！一句好話都沒有，那天晚上聚會結束時，我都準備要把稿子扔進垃圾桶，因為被貶得一文不值，讓我想放棄寫作。」

「我很抱歉聽到你有這樣的經歷，」我對她說：「除非對方寫過一本書，否則不會知道我們為了創造出能為世界增加價值的東西，傾注了多少心血、汗水和淚水。現在，我們不妨主動找出該如何重拾寫作的動力。」

我接著建議她：「聽起來你們的寫作小組需要制定一些指導方針，這樣成員就不會因為過度的批評而退出。」

- **主動提出你想要的回饋類型**。你可以事先告訴大家：「這份稿子花了我好幾個月的時間，現在我有一點玻璃心。我知道它稱不上完美，還有努力的空間，請大家溫柔一點。」或者你也可以說：「請大家盡情開炮，我寧可現在就知道還有哪裡不足，這樣仍有機會在投稿給出版社之前好好修改一番。」
- **要求平衡的回饋。如前所述，批評與讚美的比例很重要**。你可以說：「如果你願意指出你喜歡什麼，以及我在什麼地方做得很好，這會對我很有幫助，你也會為我帶來越寫越好的動力。」

- **要求具體改善的方法**。小組成員若認為作品中的人物對話有待改進，可以更明確地舉例該如何調整，而不是丟出一句「這段對話讀起來太假了」來交差。又或者覺得某個章節太長，他們可以具體建議該刪減哪些內容。

這位作家後來跟寫作小組的成員分享了這些指導建議，大家也都同意採用。有些成員甚至承認，過去每次輪到自己接受「評論」之前，都緊張得想要退出或放棄寫作，因為實在受不了被批評得體無完膚。

前面這些建議適用於所有人，因為沒有人會樂意體驗這樣的經驗。下次當你想「修正別人」的時候，不妨詢問他們想要什麼樣的回饋，這樣能讓你的意見更受歡迎。

有時「強硬談話」有其必要

我們犯了太多不必要的錯誤。

——尤吉・貝拉（美國職業棒球大聯盟名人堂成員）

「我覺得這種表達方式有點粉飾太平的味道。」一名與我共事的經理這樣告訴我：「如果有人犯了代價高昂的重大錯誤怎麼辦？這種情況下，讚賞對方的努力感覺很不真誠。我連一點掌聲都不想給，因為最好不要有下一次！他們需要了解自己犯下的錯誤所帶來的財務影響。」

我很高興他提出這個問題。重中某人把事情搞得多嚴重通常無濟於事，發洩一下或許能讓情緒得到暫時滿足，然而，這也可能永久性地破壞一段關係。對方可能永遠不會原諒你曾在同事面前羞辱自己。除此之外，其他旁觀的人往後會小心翼翼地避開你，因為他們不希望這種事發生在自己身上。

與此同時，有時「強硬談話」是合理且必要的。費爾法克斯郡商會前主席朱蒂·格雷告訴我：「如果你輕輕放過犯下嚴重錯誤的人，其他相關人員可能會因為主管沒有解決嚴重違規問題而失去原有的尊重。還不如發出正式譴責，並讓下屬理解如果這種情況再次發生會有什麼後果。我會將這次的犯錯記錄在當事者的人事檔案中（以免我以後不得不解僱他），並要他簽署一份聲明，表明未來再有類似的重大疏失，就會影響他在公司的去留。」

針對提供「嚴厲的回饋」，如果你希望有個循序漸進的流程可以參考，艾琳·韋德創立了一套「頭腦、內心、核心」方法，目的在於幫助領導者闡明他們的目的和訊息。面對你需要給予回饋、但因為不知道該怎麼開口而一直拖延的對象，請在心裡演練以下步驟的對話：

1. **頭腦與事實**：將手放在頭上。陳述所發生的事實，但不要使用「你」這個字，這會被認為是種指責。使用中性的說法，例如：「遺失的文件會讓我們的進度延遲一周，因為需要花時間重新輸入資料。」

2. **內心與感受**：將手放在心上。分享你的感受，而不是對方應該有的感受，例如：「我覺得很失望，我們必須重做已經完成的工作。」請避免說：「你應該感到羞愧，我們整個周末都在加班幫你擦屁股。」

3. **核心和願望**：把手放在身體核心位置，說出你的願望：「我想聽你說明要如何防止這種情況再次發生，我希望我們一起努力來完成這件事。」

這套方法能幫助你進行一場一直害怕的對話嗎？你能想像有人感謝你公平而堅定地處理這件事嗎？這對雙方來說會是互惠互利的學習時刻嗎？但願如此！

你一直在用「當時應該」批判自己嗎？

多年來你一直在批評自己，但那沒有效果，請試著肯定自己，看看會發生什麼事。

——露易絲・賀（自我勵志作家、出版人）

從現在開始，如果你讓自己失望，請不要陷入自我譴責或貶低的漩渦，而是使用「頭腦、內心、核心」的方法來引導自己走過這段經驗，它可以幫助你記取教訓並繼續前進。

有位女士問我：「如果沒有下次怎麼辦？我朋友同意動個門診手術，結果對麻醉產生不良反應，手術當天稍晚就過世了。我沒辦法原諒自己，她本來問我能不能跟她一起去，但我說沒辦法。我也許無法改變她因為麻醉而離世的發展，但至少我當時能陪伴在她身邊。」

我說：「我對於你朋友的遭遇感到非常遺憾，我只能想像你和她的家人會是什麼心情。」我停頓了一下，溫柔地建議道：「你能給自己一點寬容嗎？你能用頭腦、內心、核心的方法來表達你的感受、你的悔恨，並請求寬恕嗎？」

她隔了幾天發了一封電子郵件感謝我。她是這樣處理的：

1. **頭腦和事實：**「那天你問我能不能陪你去動手術，但我沒有。」
2. **內心和情感：**「我覺得我讓你失望了，你需要我的時候我不在場。」
3. **核心和願望：**「我希望我能回到過去，並且說『我當然會陪你去』。但是既然我無法改變過去，我想透過跟你的孩子保持聯繫來紀念我們的友誼，我會讓他們知道你是一個多麼特別的人。我也會以你的名義設立獎學金，支持那些想要從事與你相同職業的年輕女性。」

她說：「一開始我說不出話來，所以我把手放在我的頭、心和丹田，帶出我心中深藏的事物。儘管這套方法不能讓我的朋友回來，但至少我不再為此自責。」

「我當時應該……」是一種口頭貶低。人會犯錯，問題是，當錯誤發生時，你該如何提出改善建議，而不是執著於「應該」。請記得要當一名教練，而不是一名批評者。你該去塑造未來，而不是一直貶低過去的事，這樣才能讓錯誤變成學習的機會。

有人犯錯時該怎麼做的提示卡

你和新創公司的合夥人要出席一場提案會議。豈知你的夥伴沒聽到鬧鐘響、遲到了，還忘記帶簡報檔案。你慌慌張張地進行提案。

該拋棄的話語	該使用的話語
應該 「你應該安排飯店的叫醒服務。」	**建議** 「下一次參加提案會議的時候，我們互相打電話確認彼此都起床了。」
羞辱對方的行為 「我真不敢相信你沒聽到鬧鐘響，就這樣繼續睡。」	**形塑未來的行為** 「從現在開始，我們兩個在前一天晚上都要在九點前上床睡覺。」
批評對方做錯的事 「你為什麼不事先把隨身碟放進口袋？」	**指導對方具體的改善方法** 「以後我們在口袋裡都要各放一個隨身碟以防萬一。」
讓自己／他人感覺不好 「你害我們給人很靠不住的印象。」	**讓自己／他人感覺更好** 「我們來聯絡投資人，看能不能再安排一場十分鐘的會面。」
提供破壞性的回饋 「你真的搞砸了，我不知道這次能不能挺過去。」	**提供建設性的回饋** 「我們之前的合作都很有默契，這次就記取教訓，繼續前進吧。」

9

戲謔或嘲諷？

我是社會素食主義者。我避免跟人見面[2]。

——網路迷因

「我是個體型有點分量的人。我經常坐飛機出差，常聽到別人說『延長安全帶要派上用場了』之類的話，我聽了真的很生氣。要怎麼樣才不會受到別人酸言酸語的影響呢？」

如果有人說了一些讓你很惱怒的話，先弄清楚他們是不是故意的。有時候他

2 譯註：原文I avoid meet為利用英文meet（見面）與meat（肉）同音的趣味。

如果收到一些讓你生氣的言論，真正的問題是你要怎麼應對。如果對方的目標不會改變，那就積極主動而不是被動回應，這樣他們就不再有能力惹惱你了。舉例來說，如果有位朋友提到你的禿頭，你或許可以笑著說：「這不是禿頭，是我的太陽能板。」

積極主動並不等於每次都能改變對方，有時候重點反而是幫助我們成為更好的自己。演員喬納．希爾經常需要為了拍戲而增減體重，他在 Instagram 上向三百萬名粉絲傳達了一則訊息：「我知道你們是好意，但我想請你們不要評論我的身體。無論好壞，我想禮貌地讓你們知道這沒有幫助，也不會讓我感覺良好。非常感謝。」

喬納選擇主動提出他想要的東西。大家都答應他的要求了嗎？沒有。然而，他確實收到了數千則正面留言，這更加堅定了他尋求支持的決定，而不是繼續默默忍受網路酸民的批評。

動保人士天寶．葛蘭汀也是一樣，她沒有因為那些負面留言而失去內心的平衡，而是預先準備好一套回應。我對她分享身為自閉症患者的演講留下了深刻的印象。她說：「我是與眾不同，不是比較差。」這是很有智慧的一句話。她透過與自閉症和平相處並邀請其他人一起參與，讓這件事對她來說不再是問題。

喜劇演員哈利．希勒說：「我們之所以成為喜劇演員是為了控制別人嘲笑我們的原因。」這個見解非常有意思，擁有一套準備好的回應意味著當別人提及敏感話題時，我們不會唯唯諾諾地回應。這是一種主動控制局勢的方法，而非讓局勢殺得我們措手不及。

「保持幽默感」之所以對我們大有益處還有另一個原因。大笑能讓我們吸入更多「高含氧空氣」並增加大腦釋放的腦內啡，刺激血液循環並幫助肌肉放鬆，這兩者都可以減輕壓力帶來的身體症狀。

那些惡意嘲弄的人通常都是拿我們「覺得有壓力」的事情來說嘴。如果我們不再那麼在乎別人的想法呢？只要我們不聽他們的，他們也無法讓我們身心失控。

有史以來最偉大的棒球捕手——強尼．班奇提供了很棒的建議。我問他如果其他球隊的球員對他說垃圾話，或看台上的敵隊球迷一直噓他，他會怎麼做？他聳聳肩：「我不會去聽他們的聲音。如果他們抓住你耳朵的注意力，他們就逮到了你。」

這也就是面對酸民或惡意評論，有時候最好的應對方式就是完全不理他們。

處理嘲弄者的六種選擇

我喜歡散個長長的步，尤其是由那些讓我覺得很煩的人帶領的時候。

——諾爾．寇威爾（劇作家）

如果我們面對的是拿我們尋開心為樂的人，該怎麼辦呢？

1. **弄清楚嘲弄者想達到的目的**。觀察他們的臉部表情，看看他們是在開玩笑還是想藉此懲罰你。如果他們閃現惡意眼神，就可能是故意想找你碴。如果他們的眼睛裡閃爍著趣味的光芒，則可能是種幼稚的幽默。「取笑」有時候是為了在社交上獲得反應的笨拙方式。問問自己，他們是試圖打成一片還是造成傷害？

2. **移除動機**。嘲弄者不會去煩那些不上鉤的人，他們的目標是那些出現結巴、臉紅或防禦性反應的人。這些反應都是在變相獎勵他們，這就是為什麼對自身的敏感話題去敏感化很重要。如果你超重、禿頭、有皮膚問題或有口音，你就會聽到有人拿這些來作文章。我知道這並不公平，但事實就是這樣，任何讓你感到尷尬的事情都會成為故意挑釁的子彈。

有名女學員分享了遇到沒有興趣的搭訕者時的應對方法。「我會直盯著他們看，笑著說『我有五個哥哥喔！』」她回應的口氣並不搞笑，當然不必然如此，這是她讓男人們知道自己不是好惹的，而且也很知道該怎麼處理這種情況的方式。

3. **以其人之道，還治其人之身**。在嘲弄者開啟的遊戲中打敗他們，他們就會失去興趣。如果你也跟著他們一起樂在其中，取笑你就不再有趣了。你可以透過以邏輯類似的玩笑話回敬他們，這些嘲弄者通常只喜歡說，但不喜歡聽。如果你遇到的是喜歡故意唱反調的嘲弄者，那麼要知道一點，真正握有控制權的人是你而不是他們。電影《伴娘我最大》中有一句很棒的台詞，有個角色回應他人刻薄言論的方法是，建議嘲弄者「像個正常人一樣」在人前假裝為她感到高興，要講壞話等回家愛怎麼講就怎麼講。

4. **與群眾合作**。嘲弄者是否刻意要表演給旁人看？如果現場有「觀眾」，嘲弄者可能會試圖透過弄倒你來自抬身價。這種情況下，關鍵是對「觀眾」喊話，例如：「巴迪又來了，只知道欺負比自己瘦小的人。」如此一來，情勢就不再是巴迪跟你作對，而是你和群眾一起對抗巴迪。由於寡不敵眾，他可能會偷偷溜走，並且在下次找你碴之前三思而後行。

5. **不耐煩地打呵欠、翻白眼**。展現出「我覺得這很無聊」的態度會挫挫嘲弄者的銳氣，因為這跟他們的想像不同。你可以翻白眼，並說：「又來了，這招上次已經沒有用，你怎麼會覺得這次會成功呢？」

6. **同意和誇大**。另一種消除嘲弄者樂趣的方法是同意對方的嘲諷，並且加上你自己的幽默哏。「如果你無法打敗他們，就加入他們」的方法堪稱是語言武術，是一種「借力使力」而非「主動揮拳」。

請記住，下次有人試圖取笑你時，這也是一個改變他人看法的機會。如果你搶先一步，就能提升自己受喜愛的程度。不過也請注意，如果對方有慣性且帶有傷害性的嘲弄行為，特別是變本加厲，還會把你的不高興歸咎為你的問題，那這就是霸凌的程度了。在第二十四章和第二十五章中，你將了解如何應對這類具有操縱性、被動攻擊性的挖苦言語。

遇到嘲弄時該怎麼做的提示卡

你三十多歲，自願選擇單身，厭倦大家一直問你「為何不結婚」和其他不請自來的批評，你會怎麼反應？

該拋棄的話語	該使用的話語
感到心煩 「都什麼年代了，我真不敢相信她會問這個問題！」	**練習幽默功法** 「我只是在避免經歷第一次離婚啦。」
觸動失控按鍵 「如果再有人跟我提這件事，我就要失控了。」	**放開爭議按鍵** 「我喜歡單身，而且我對自己的選擇充滿信心，也感到滿意。」
選擇受到冒犯 「我有問你意見嗎 ?!」	**選擇被逗樂** 「我思，故我單身。」
感到羞恥／尷尬 「也許我老了會流落街頭，無人聞問吧。」	**有自信並自我接受** 「你媽媽沒有教過你更好的禮貌嗎？」

能同意，以後不要再詢問或回答這個問題？每一次這麼做，我們都在強化這種不討喜的刻板印象。我們何不將話題轉為討論希望別人如何看待我們，而非希望別人有的刻板印象？」

我繼續說：「我們可以選擇說：『我發現女性是彼此最真誠的支持者，說實話，我能獲得這個職位都要感謝〇〇……』，並提到一位教導過我們的女性貴人。或是『我認為事實正好相反。我相信女性會竭盡全力互相支持，例如……』」

請特別注意，如果有人提出負面指控，最好不要以「否認」回應，這麼做只會淪為一場爭辯。比方說，有客戶指責「你都不關心客戶」，你反擊：「我當然關心我的客戶。」那麼你就是在跟對方爭論你到底關不關心你的客戶。又或者有人指控「你從來不聽我的」，你堅持「才沒有這回事」，你反而變相證明了對方的觀點。

那麼，如果有人提出不真實、不公平、不友善的指控，你該怎麼應對？我建議你詢問對方：「是什麼讓你這樣想呢？」

回到前面的例子，指責你不關心的客戶可能會說：「我每次收到你的訊息或電話都是你想賣東西給我的時候。」你可以感謝對方讓你注意到這一點，並承諾會更頻繁地跟客戶聯繫感情，而不只是為了賣東西。至於說你從來不傾聽的人可能會表示：「你都忙著跟別人傳訊息，都沒有正眼看過我一次。」你可以選擇立刻放下手機，全神貫注在對方身上。

詢問他們想表達的意思可以讓潛台詞浮出水面，並揭露背後真正的問題，這樣你就可以解決潛藏的疑慮，而不是只對表面的指責做出治標不治本的反應。

用你的話來說

我沒有失去金牌，我贏得了銀牌。

——關穎珊（奧運花式滑冰選手）

面對有人對你做出不公平或不友善的指控，你可能會選擇跟身邊所有人講過一輪，但就是沒有跟當事人談過。這其實無濟於事，那些指控者只會認為這一定對你沒有影響，因為你什麼也沒說。

受到侮辱或不實指控時，如果選擇隱忍，就是向對方表達我們不會追究他們的責任。我們可能自以為這是「大事化小，小事化無」，但其實是默許這種現象持續上演。

你有發聲的權力，請好好使用。好消息是，遇到這種情況可以透過有技巧地向對方表達，不需要把場面弄僵。以下是個情境示範：

有人說了些惹你生氣的話，卻又說：「幹麼生氣啊？」此時你要想盡辦法克制說出「我沒有生氣」的衝動，因為這句回答代表你中了他們的圈套。反之，你可以說：「你是什麼意思？」利用這個問句把球丟回對方手上，同時也讓他們有機會進一步解釋。

對方也許不是刻意找碴：「我看到你握緊了拳頭。」這時，請用你自己的話來干預負面模式：「你說得沒錯，我非常在意這件事。讓我們都先深吸一口氣，冷靜下來，這樣才能平靜地討論這個狀況。」

清楚說出自己的故事

你可以決定故事的結局。
——布芮尼・布朗（作家）

你可能無法決定故事如何開始，但你可以決定故事如何結束。遇到有人鄙視你，你一開始可能決定什麼也不說，因為覺得不應該是由你來讓對方知道自己的行為不得體。請認清一點，你的確有責任「澄清事實」。你有責任讓對方為他們對你說出的話負責。如果你不說出來，他們版本的說詞就會成立——這可不是我們會想冒的風險。

請記住，除非你主動躺下，否則別人無法在你身上踐踏。後面這些技巧可以幫助你堅持自己的立場，而不是坐視不管。

1. **決定是要公開或私下解決這個問題**。當眾指正對方，可能會讓對方下不了台階，導致就算你說的是事實，他們也會心懷怨恨。對方容易有撕破臉、把事情鬧大的衝動，意圖透過摧毀你來讓自己重拾面子。抑或是，如果他們覺得你威脅到了他們的身分地位（尤其是在公司職位較高時），可能會認為有必要打壓你。大多數時候，「我們私下談談吧」是比較理想的選擇，這樣對方就不會因為有外人在場而採取比較激烈的手段維護自己。

2. **詢問，而不要反駁**。如果這個指控非常嚴重，而且你認為最好現在就該解決這個問題，那麼你可能需要將指控者拉到一邊並詢問：「你有沒有發現你所說的內容是犯法的，也違反公司政策？」如果這個人比你資深，可以點出：「你知道我們可以因為這些不恰當的話，對你提出申訴嗎？」不過這麼做是有風險的，若你認為對方很高的機率不願意接受這種回饋，甚至將此視為一

「對於不想參與惡意中傷這一點，你做得很好。」我建議她，下次有人試圖拉她一起說壞話時，可以採取幾種回應方式，包括：

- 說「她一直對我很好」，然後轉移話題：「我們來聊聊別的吧。」
- 說「我跟他沒有私交」或「我不清楚細節」，然後補充說：「我們先放他一馬，假設他是無辜的。」
- 要是有人試圖用「你有聽到某某說的話嗎？」來吸引你上鉤，只需要說「我覺得這不太重要」，然後趕快換話題。
- 如果有人散布關於你的謠言，請主動跟他們搭話。溝通時請直呼他們的名字，例如：「蒂芬妮，如果你對我有話要說，請當著我的面說。」「如果你對我有意見，蒂芬妮，請鼓起勇氣直接對我說，而不是在背後談論我。」

說別人閒話的人，有一天也會說你的閒話。請堅定地成為拒絕隨波逐流的負面模式干擾者。如果對方向你施壓，不妨引用好萊塢傳奇製片人戈德溫的一句話：「不用算我一份了。」

聽到有人發表尖酸刻薄的八卦時，也可以嘗試企業家伯索爾（Maureen Giles Birdsall）的回答。她會微笑著說：「我想你內心的聲音已經偷偷溜出來了。」她說，通常這一句話就足以讓人意識到自己所說的話不受歡迎，然後就會轉移陣地。

制定「禁止散布貶損言論」的規範

說別人的壞話是一種讚揚自己的不實方式。

——威爾．杜蘭（歷史學家、作家）

禮貌專家克莉絲汀．波拉斯在《哈佛商業評論》發表的一篇文章中指出，「在有害人員加入你的組織之前將其剔除」非常重要。

一種篩選方法是提出具體問題，例如：「你的前僱主對你有何評價，正面還是負面？」「請說明一次你不得不應對工作中的壓力或衝突的經驗。」看看回答過程中，他們是否會貶損前公司的人。

貶損（包括說壞話和虛假指控）是有毒的，因為它會創造一種不尊重和不信任的文化。如果你是一名領導者（無論你擁有一家企業、管理一個團隊專案還是主持一個委員會），藉由新人訓練、會議或組織手冊中解決這種破壞性行為，可說是至關重要。

我的兒子安德魯創立非營利組織「兒童之夢」時，特別針對可接受和不可接受的行為制定了一系列規範。規則一正是「禁止八卦或蓄意中傷批評。如果你對某人的表現有疑慮，請直接跟他們提出。永遠不得在背後說壞話。如果你對客戶或同事發表負面言論，大家會對你不信任，因為他們會認為如果你在背後議論他人，也會在背後議論我。」

幾年後，安德魯曾招募的一名實習生主動跟他聯繫：「『兒童之夢』是我大學畢業後的第一份工作，所以我以為每間公司都有相關的規範。真是大錯特錯！我現在的公司裡每個人都在說別人的壞話。我永遠感謝你當年制定的行為規範，也教會我如何應對八卦。所以事到如今，我還是不會去八卦別人，真的很感謝你清楚表明這是一件不容退讓，而且沒有意義的事情。」

除此之外，如果我們有為自己設下「禁止八卦或說壞話」的規範，就會更容易做到「不在誘人的時刻說出錯誤的話」，不會被其他人牽著鼻子走。我在一次講座中清楚地了解到這一點。那是全國演講者協會的活動，同時間也紀念了不久前去世的教育家——諾曼・文森特・皮爾。協會創辦人和皮爾博士交情匪淺，他說：「他從來沒有說過任何人的壞話。」

皮爾博士曾說：「如果你想讓事情有所不同，也許答案就是讓你自己變得不同。」我當時就決定，永遠不會說任何人的壞話。

正如美國前第一夫人愛蓮娜・羅斯福所言：「心胸遠大者激盪想法，資質平庸者討論事情，心胸狹窄者道人是非。」我決定往後都要談論和撰寫能夠振奮人心的想法和未來趨勢的文章，只有在讚美、慶賀或者創造連結時，才會談論他人。

想八卦或出言中傷之前，先THINK

T——這是真的（True）嗎？

H——這有幫助（Helpful）嗎？

I——這激勵人心（Inspiring）嗎？

N——這有必要（Necessary）嗎？

K——這友善（Kind）嗎？

——常見校園海報

經歷過一場周四晚上的美式足球比賽後，我帶著感觸寫下這個章節。在比賽最後一分鐘，超級盃的MVP四分衛湯姆．布雷迪沒有選擇保守的得分，而是丟出了一記很冒險的傳球，導致隊員漏接，球隊無緣晉級。

X（推特）上爆發大量負評貼文，其中不乏「你有夠爛」、「老人就該退役」等惡毒評論。問題來了，這些球迷有誰能夠在球場上表現得跟布雷迪一樣亮眼？在說出對他（甚至是他的家人）的壞話之前，他們有如喪失了同理心。

下次當我們想說某個人的壞話——即使身邊其他人都這麼做，也要提醒自己THINK。請先問自己以下問題：

- 我可以做得更好嗎？（我在職業比賽中能達到這樣的水準嗎？）
- 是否有我沒有考慮到的狀況？（例如，相較於布雷迪多年來締造的數千場奇蹟戰績，這不過是極少數的失誤。）
- 我敢當著這個人或者關心他們的人面前講這句話嗎？（這是一種「匿名」霸凌，我在網路上這樣做是因為覺得沒有風險嗎？）
- 這能改變已經發生的事情嗎？（如果不是，那就沒有什麼好處。）
- 我是否試著藉由貶低這個人，好讓自己有優越感？
- 我是否曾經犯過自己後悔不已的錯誤？（如果是的話，我是否可以給予對方一點善意，同情他們？）

這個世界不需要更多的惡意中傷，而是需要更多的同情心。酸言惡語會成為一種習慣，好消息是，同情心也可以成為一種習慣。如果他人對你做出不實指控，希望這些提示能幫助你追究他們的責任，也幫助你不同流合汙。

如果有人提出指控時該怎麼做的提示卡

你們公司的總經理在事有蹊蹺的狀況下辭職了。你走進員工餐廳，每個人都在議論紛紛。有名同事問你：「我聽說他被指控性騷擾，你有聽到什麼消息嗎？」

該拋棄的話語	該使用的話語
否認／辯護 「真的嗎？我沒聽說他被指控性騷擾。」	重新引導對話 「是什麼讓你這麼說？」
反駁不公平、不友善的話題 「你確定他的退休真的不單純嗎？」	轉移不公平、不友善的話題 「那麼，誰會來接總經理呢？」
信口開河 「如果這些消息是真的，我希望他被送去坐牢。」	開口之前 THINK 「在事實真相大白之前，我們還是先別太快下定論。」
八卦、酸言酸語、說壞話 「我就覺得他這個人怪怪的。」	採取「不從眾」的政策 「這件事我沒什麼好說的。我就不插一腳了。」

下次遇到有人很難過的時候，請使用「回饋循環」，也就是重述他們分享的內容，讓他們覺得有人願意傾聽自己的心聲。請跟對方討論他們的煩惱，而不是想要說服他們擺脫困境。重述某人所說的話，會鼓勵他們進行更深入的分享。

舉個例子，聽到小孩說「我一個朋友都沒有」，回覆「你再怎麼樣也會有一個朋友」是無濟於事的。有幫助的回應是重述他的話：「你覺得自己沒有朋友嗎？」孩子可能會說：「對，我很討厭午休時間，沒有人願意跟我一起吃午餐。」

此時請繼續壓下想要解決問題的誘惑，你只需重述問題：「所以，午休時沒有人和你坐在一起嗎？」

「對啊，如果你不屬於小圈圈，他們就不會理你。」

你可能會覺得自己這樣根本沒有幫到忙。千萬別這麼想，你是在為對方提供他們所需——一個談論自身遭遇的機會，一個表達感受的機會。他們得以抒發內心的情緒，就不會感到孤單了。

以下是「回饋循環」要點：

- **請把注意力集中在對方身上**。如果你大部分時間都在講話，那麼就是在主導討論，而不是促成討論。我媽常說：「誰說最多話，誰就最開心。」想安慰悲傷的人，請把你說話的時間限制在百分之二十，剩下的百分之八十都是對方的。想成功做到這一點，盡量少用「我」這個字。我們每一次說出「我想……」、「我建議……」或「我之前遇到類似的事情時……」，就是在把話題轉移到自己身上。

● **重述並不是無腦複製對方的話**。你可能擔心「重述」對方的話會不會聽起來很敷衍？事實上，用自己的方式來講述對方所說的話，並不會讓人覺得討厭，你們是在確認剛才對話中的意義——這也正是溝通的定義。

● **目標是讓他們真心說出「對」**。無論說哪種語言，只要重述別人剛才所說的話，對方幾乎會自動附和，這便是產生連結的時刻，他們覺得「你懂我」。這是很多人去看心理師的一大原因，通常那是唯一可以真心說出自己感受而不會被批判的場合，也不會硬被灌輸他們應該要有什麼感覺或應該做什麼。

有個網路上常見的說法是：「人平均每天會說四個謊，其中最常見的就是『我很好』。」一個人悲傷時，常常會害怕摘下「我很好」的面具，向他人暴露自己內心的真相。然而，這也是我們與別人變得更親近的機會。願意分享自己的脆弱或困境，會讓人意識到彼此的共同點，並重新發現我們的遭遇其實很相似。只要給別人機會將內心的想法透過語言表達出來，就會促成意想不到的連結。

對方需要空間還是支持？

面對憂鬱症患者，請永遠不要問他們「為什麼」。憂鬱症並不是因不如意所起的反應，而是像天氣一樣。

——史蒂芬．佛萊（英國演員兼導演）

一位心理師告訴我：「一定要區分悲傷和憂鬱，兩者是不同的。」

我問：「如果身邊有人患有憂鬱症，你會建議我們怎麼做？」

「詢問他們需要空間還是支持。舉個例子，我有位已婚病患很愛自己的小家庭。當他憂鬱症發作時，太太會竭盡所能讓他振作起來，像是煮他最愛吃的飯菜、播他最喜歡的音樂、自己照顧孩子一段時間，讓他可以去放風。她一直搞不懂的是，前面這些好意反而會讓他感覺更糟。」

「為什麼會這樣？」

「這些好意的舉動讓我的病患心懷愧疚，因為他沒辦法讓憂鬱症很快消失。他說，這就好像大家不斷告訴色盲這個世界有多麼美麗繽紛。」

「那怎樣會有幫助呢？」

「詢問他是想要空間還是支持。有時他需要的只是拉上窗簾，爬到被窩裡好好睡一覺；有時他寧願和她一起靜靜坐在沙發上，不必多說什麼。他最想要的是太太單純的陪伴，而不是試圖讓他高興起來。」

你身邊是否有處於情緒低潮的人？你是否試著想幫助對方，卻發現他們不需要你的幫助？

試圖提供幫助有時反而讓人感到無助。如果我們關心的人受傷了（無論是生理還是心理），我們當然會本能地想要幫助對方，儘管這種本能來自善意，但可能會產生與預期相反的影響。

我建議你詢問這個人想要什麼，是空間？支持？聆聽？建議？還是單純陪伴？他們的回答也許會讓你覺得「這樣怎麼夠」，但如果他們都這麼說了，請尊重並照做。

給予安慰的話，給予勇氣的話

你當然可以感覺自己一團糟。這並不代表你有缺陷，只代表你是個普通人。

——大衛・米契爾

話雖如此，如果有人正處於低潮，這裡還有另一種選擇。我有幸在華盛頓西部電影節上觀看了由南非的屠圖大主教和達賴喇嘛為主角的紀錄片《喜悅：達賴喇嘛遇見屠圖主教》。

影片接近尾聲時，屠圖大主教在一所學校舉辦慶祝八十大壽的生日派對。一名流亡中的藏族年輕女子站起來，描述自己多麼想念故鄉和家人，她淚流滿面，一度哽咽。

屠圖大主教滿懷同情地看著她，說道：「我很抱歉。」達賴喇嘛則說（這是我記憶中大概的意思）：「保持堅強，專注於你能夠獲得這些教育資源有多麼幸運。這是你服務、回饋他人的機會。」

乍看之下，達賴喇嘛的回應顯得有些冷漠、唐突。然而，擔任電影旁白敘述的作家暨出版人道格拉斯・亞伯拉姆，觀察兩種回應分別代表不同面向：大主教給予這名年輕女子安慰的話，達賴喇嘛給了她心生勇氣的話。

這兩種類型的回饋的確都有其作用。年輕女子會覺得自己得到了屠圖大主教的同理，並覺得達賴喇嘛給了她力量。如果她只得到安慰和支持，可能會一直停留在這段哀傷中，因為獎勵機制會讓人不斷重複同樣的言行，她可能陷入更嚴重的憂鬱之情、變得更加想家。另一方面，如果只收到怎麼樂觀看待自身遭遇的建議，她可能會感到被忽視，甚至後悔抒發心情，覺得都是自己不好，內心太過脆弱。

我想達賴喇嘛是基於看到她已經獲得了同理，因而選擇提供給予她心生勇氣的回饋來平衡。

支持和建議，同理和行動——只要給予的順序正確，兩者都有自己的位置。下次有人心情低落時，問問你自己（以及他們），他們當下最想要的是什麼。也許他們最想要的是知道有人真誠地關心自己、願意花時間了解自己的真實感受。他們想要的是被好好地傾聽，而不是一股腦兒地被建議轟炸。

你可以使用回饋循環來衡量這一點。當對方說「沒錯」或者「我感覺好多了」，就表示你已經幫助到他們了。如果對方似乎陷入了自己的悲傷故事無法自拔，那麼像達賴喇嘛那樣建議他們從不同的角度看待問題，可能會更有建設性。

請注意，如果你懷疑對方不是單純的難過，而是有憂鬱症的情況，請尋求專家的意見，看看如何幫助對方。

有人難過時該怎麼做的提示卡

朋友辭掉工作開始做電商創業，但進展並不順利，賺的錢難以維持基本開銷。她非常沮喪，情緒低落，你該怎麼做？

該拋棄的話語	該使用的話語
給予建議 「你應該申請貸款。」	**給予傾聽** 「你真的被生意狀況嚇到了嗎？」
幫對方找理由 「有很多個人創業第一年就失敗了。」	**幫對方帶來希望** 「所以，你希望能獲得更多的付費客戶嗎？」
講自己的事情 「大約五年前我也發生過類似的事情。」	**詢問對方的想法** 「你希望我做什麼來支援你？」
指正對方 「你不應該在這上面投入畢生的積蓄。」	**安慰和鼓勵** 「我很難過生意目前不如你的預期。我相信你，你可以的。」

12 抱怨？

沒有比解釋更浪費時間的了。

——班傑明．迪斯雷利（前英國首相）

「我負責管理一家飯店的櫃檯，我們團隊幾乎整天都在處理投訴，有人不喜歡訂到的房間，有人的鑰匙卡出問題，還有人的行李送丟了。我們盡力提供幫助，但有時候客人就是一直拚命抱怨，停不下來，我該怎麼做?!」

我住在夏威夷時多次指導各大飯店處理這個議題。櫃檯是第一道窗口，工作人員自然會收到大量投訴，因為客人往往在機場和飛機上待了好幾個小時，容易疲倦和脾氣暴躁。跟飯店櫃檯的第一次互動，大幅決定了他們對這次住宿的滿意程度。

我在工作坊都強調要站在客人的角度，快速、讓人滿意地處理客訴，這是獲得高分評價和回頭客的關鍵。這是我教給他們的技巧，希望你覺得受用。

對方向你抱怨時，不要解釋

犯錯是人之常情，願意寬恕則是聖賢。

——亞歷山大．波普（十八世紀英國詩人）

我想改寫一下詩人波普的話：「犯錯是人之常情，願意搭上AAA列車則是聖賢。」假設有顧客向你抱怨：「你為什麼沒有打電話通知我能不能提前入住？」你選擇解釋：「對不起，我一直在忙著處理其他客服工作。」接下來，顧客和你很可能持續重複同樣的對話——他抱怨你沒有主動通知，而你忙著為自己辯解。再怎麼帶有善意的解釋，對於不感興趣的人來說都是左耳進右耳出。對方不在乎你為什麼沒有實踐承諾，只希望自己的問題可以獲得解決，所以從現在開始，遇到別人向你抱怨時不要急著解釋，請搭上「AAA列車」。

A＝Agree 同意：「羅伯茲先生，您是對的，我確實說過我會打電話通知最新情況。」

A＝Apologize 道歉：「很抱歉讓您久等了。」

A＝Act 行動：「我剛剛收到客房服務部的訊息，很高興告訴您房間已經準備好了。」

讓我們來看看為什麼AAA列車如此有效。

Agree同意：遇到有人抱怨，請先問問自己：「他們說的是真的嗎？」大多數抱怨的人都有正當理由。若是如此，透過說出「你是對的」來同意他們的觀點（而不是與對方爭論），會讓你們成為盟友。

Apologize道歉：請說「我很抱歉，而且……」然後重述他們所說的話。無論如何都不要說「對不起，但這不是我的錯」，因為這會讓人覺得你不是真心道歉。如果你能簡述對方的抱怨內容，他們會覺得你有聽到他們說話，就不會一直重複抱怨，甚至越講越大聲。

Act行動：不要執著於造成客訴情況的背後理由，而是專注於你現在要採取什麼改善當下情況。對方想要的就是「行動」，而不是解釋，解釋只會讓抱怨越演越烈。AAA列車可以終結一切。

在了解AAA列車技巧之後，有名參加培訓課程的新婚男子說：「我上星期忘記我太太的生日，直到她跟我冷戰我才意識到自己做了什麼。我告訴她我很抱歉，我在忙一個專案，所以完全忘了她的生日。她聽了很不高興：『如果這件事對你真的很重要，你就會放在心上。』完全不接受我的解釋，現在我知道為什麼了。我沒有道歉，只是解釋而已，我那時應該怎麼做才好呢？」

我告訴他：「不妨把回應改成：『你說得對，我真的很抱歉。對我來說，你是世界上最重要的人，我真的很希望我記得。我該如何彌補你呢？這個周末我們也許可以一起做你喜歡的事情？』」

他說：「這樣會好很多。你說得對，解釋給人的感覺就是在找藉口，只會讓人更生氣，覺得我們無意負起責任。比較明智的做法是趕快思考如何取得成果，而不是一直執著於原因。我以後都會記得這麼做。」

不過，有另一名學員對此有所懷疑，他說：「有時候我想要幫助的人態度很差，但事情的肇因根本與我無關，明明不是我的錯，我為什麼要道歉？」

我微笑問他：「你有聽過這句話嗎？『我們可以選擇是正確的，也可以選擇是快樂的。』」

道歉並不代表我們要為錯誤負責，而是我們正嘗試想像那些受到錯誤影響的人會有什麼感覺。在某種程度上，這到底是不是我們的錯並不重要，同理對方的沮喪或不便我們責無旁貸，並盡力讓事情有圓滿的結果。

抱怨者希望有人了解他們所經歷的事情，希望有人認同自己遇上的糟糕事。我們若能這麼做，他們就會知道我們很關心，一旦明白這點，他們通常就能繼續前進。如果他們沒有得到三個A，就會不斷重複抱怨，直到獲得為止。

揭開期望而非強化錯誤

每一次批評的背後都是一個期望。

——埃絲特．沛瑞爾（關係專家）

沛瑞爾的這句話意義深遠。抱怨是對錯誤的批評，可能讓人覺得受到攻擊，進而架起防衛心或採取反擊，也就是讓抱怨者有更多的事情想抱怨！

比較明智的做法是設想並明確表達你和對方各自懷抱的期望。太空人梅．傑米森博士說：「永遠不要被別人有限的想像力限制。」抱怨是想像力的限制，也是以目光短淺、缺乏遠見的方式看待問題。「設想更多可能性」才是聰明的解決之道，你只需要問對方：「你想要什麼？」他們就會從爭執轉向闡明自己認為什麼方法能導正狀況。

有名修車行的經理對此躍躍欲試，他說：「我迫不及待想跟維修團隊分享這一點。我們是第一線的人員，經常因為各種無法控制的事情遭到客訴。」我建議他：「你可能需要在員工休息室張貼AAA列車提醒卡。下次有客訴的時候，請套用你的期望以及客戶可能有的期望，這會讓人感覺到你們真的在乎，因而有效轉移掉抱怨的負能量。」

同意：「你說得對，女士。我能理解新車因為潛在瑕疵而被車廠召回，真的是很煩人的事情。我很希望這件事不要發生。」

道歉：「我很抱歉你還要特別請假來處理這件事。」

行動：「我想你會希望盡可能縮短維修時間。我們會盡一切努力在兩個小時內完成。這段時間歡迎你在我們的休息室稍待，可以看電視或者用筆電完成一些工作。」

一旦把你和對方的期望結合在一起，衝突就會變成共同創造更符合雙方預期的結果。

然而，有名護理人員對我說：「我們的主管說，出問題的時候不能道歉，因為這可能會讓我們被迫承擔法律責任。」

「確實，每條規則都有例外，你能告訴我近期一個道歉可能會引起法律問題的例子嗎？」

「昨天我們同仁幫一名溺水的病患急救了一小時，但最後還是回天乏術。他太太抓住我說：『如果你再早一點開始急救的話，或許他就不會死了。』儘管我很心疼她，但我不可能說：『你說得沒錯。』」

如果同意對方的抱怨內容可能會害你被告上法院，請改為搭乘「ＡＡ特快車」。

Acknowledge 認知：「我無法想像您失去丈夫有多痛苦。」

Act 行動：「我們能提供什麼協助？有需要幫忙聯繫其他家人嗎？」

乘坐ＡＡ特快車並不表示承認責任或接受咎責；相反地，我們是富有同情心地去認同某人的情緒，而不是將之拋諸腦後。

遇到為抱怨而抱怨的人

人有時候抱怨起來簡直像在比奧運一樣。

——伊凡・米斯納（企業家）

我有一位作家朋友是暢銷作家珍娜・伊凡諾維奇的「賞金女獵人」系列的忠實粉絲。她曾經跟我分享：「伊凡諾維奇的書中有一個角色暱稱『愛抱怨的雪莉』，我有一個阿姨就是這樣的人，她會抱怨所有的事情！同情她的遭遇並不會讓她心情變好，只會讓她變本加厲。我花了一段時間才弄清楚她根本不需要幫助，她想要的是發洩。

「問題是我很忙，沒有時間和精力可以聽她抱怨。我本來想跟她斷絕往來，但又狠不下心，所以決定拿我媽以前常用的招式來應對。小時候如果我和哥哥在抱怨某些事情，她會說：『人總有理由抱怨，也總有理由感恩。如果你選擇感恩，你會更快樂。』這也確實讓我們停止抱怨。現在，我會先給阿姨十分鐘的時間，讓她把心裡的事情說出來，超過十分鐘我就會搬出媽媽的口頭禪問她：『你有什麼值得感激的事情嗎？』

「如果她還是繼續抱怨，我會說：『阿姨，我很同情你。我最近遇到一些事情，想聽聽你的建議。』」

卡內基美隆大學教授蘭迪・鮑許在他的著作《最後的演講》中分享了他想傳授

給子女的人生智慧（那時他知道自己是癌症末期）。在大學的最後一次演講中，他說：「如果你把投入抱怨的十分之一精力用來解決問題，你會驚訝地發現事情竟能如此順利。抱怨不能成為一種策略。我們的時間和精力都是有限的，任何花在抱怨的時間都不太可能幫助我們實現目標，而且不會讓我們更快樂。」

如果你管理一群人或者正在經營一個家庭，鮑許教授的寶貴見解值得參考，提醒我們抱怨終究是徒勞無功。不妨就決定從現在開始，你會選擇搭上ＡＡＡ列車，而不是浪費寶貴的時間來回爭論到底誰對誰錯。

遇到抱怨時的應對方式提示卡

你是一名婚禮顧問，負責策畫的戶外婚禮碰上天公不作美，下雨天讓大家都心煩意亂，他們不斷抱怨並把怒氣發洩到你身上，你該怎麼做？

該拋棄的話語	該使用的話語
爭論 「別怪我，我又沒辦法控制天氣。」	同意 「你說得對，在你的大喜之日，我們也很不樂見這種事。」
解釋 「我有告訴過你們，發生這種情況的可能性是百分之三十。」	道歉或同理 「我可以想像你們一定非常失望。」
指責或攻擊 「別再拿我出氣了，我並沒有做錯什麼事。」	行動 「我們有雨天備案，正在把所有東西都搬到室內。」
招致法律問題 「就算你們告我，我也不會退款。」	搭上ＡＡ特快列車 「我了解這不是你們希望遇到的事情，讓我們一起把今天打造成你們的美好回憶。」

13

不合作？

在這個時代，命令別人做任何事情是行不通的。

——約翰．梅爾（創作型歌手）

「為什麼孩子都不聽我的話？他們總是拖拖拉拉，違背我的指令。有時候我已經講了兩、三遍，他們還是不配合，我非常生氣，然後事情變得一發不可收拾。」

關於這個問題的答案，我是從意想不到的地方獲得。我帶著我們家的傑克羅素㹴幼犬去接受服從訓練。第一堂課我們家小狗看到有新朋友非常興奮，開始不停大聲吠叫。

我的第一反應是大喊：「不要叫！」（我現在知道這是很荒謬的反應。）教練走過來說：「對著一隻狂吠的狗大吼大叫是沒有用的，牠只會覺得『好棒，我們都在大叫』。你需要示範你希望牠遵守的行為，必須用低沉、緩慢的聲音跟狗狗對話。牠聽到命令會坐下嗎？」

我說：「通常會。」

「那就請牠坐下，並在牠坐下後給予獎勵。該注意的是牠做出的正確行為，而不是做錯的部分。」

哎呀，我以為我是帶狗狗來上課的，想不到自己居然在此上了一堂行為矯正和模式干預的大師班。

透過行為矯正促進合作

我們可能以為改變跟意志力有關，但更有可能的是因為「慾望力」。

——喬治・席翰（醫生兼資深運動員）

行為矯正的基礎正是將我們的意志力轉化為慾望力（want power）。其中一個方法就是專注於我們希望對方開始做的事情，而不是不希望他們做的事情。

雖然說起來很簡單，但大多數人的行為卻反其道而行。例如，我早上散步時經過附近的公園，一名媽媽和兩個年幼的兒子正在那裡玩耍。孩子們開始扔碎石，媽媽叫他們停下來。猜猜發生了什麼事？他們繼續扔碎石。

她又提高了音量：「我說了，不要再丟碎石頭！」當然沒有用，她只好威脅他們：「如果你們再不停止，我們就離開！」孩子一直無視她，於是她開始收拾東西，然後宣布：「就這樣，我受夠了。既然你們不願意合作，我們回家。」兩個男孩開始抗議，媽媽告訴他們：「來不及了！」

沒有人得到他們想要的東西——媽媽很不高興，孩子也很不高興。說不定下次她就不太想帶孩子到公園玩了，因為這次的經驗很不愉快。

這位媽媽可以說些什麼話來獲得更好的結果？她可以：

- 叫他們的名字來引起注意。這是一種能有效製造「暫停」的方式，聽到有人叫自己的名字，大多數人都會停下手上的事情並集中注意力。
- 一直等到他們看著她。人如果不「看」，通常也不會「聽」，她可以說「看著我」，這比「你們最好給我聽話」更有效。
- 以「我只會說一次」作為句子的開頭。如果只是開始說話，孩子仍然會全神貫注在其他地方，注意力不集中。
- 藉由闡明她希望他們「開始」做的事情來進行負面模式干預。她可以先自問想要他們做什麼，再明確表達出來，而不是一直說出不希望他們做什麼。

●使要求盡可能直觀、具體。一旦人能夠在腦海中清楚描繪出需要做的行為，就有助於彼此配合或合作。她可以說：「我數到三，你們就要把石頭放在地上，然後我們要走到溜滑梯那邊。」

有了這些更明確的「開始做什麼」指示，她的兒子可能比較容易遵守，這樣母子三人都能在公園度過美好的一天。

停止下令，開始請求

> 我們是否支持某個決定，取決於我們是被動接受還是主動提出。
>
> ——莎曼．霍恩

回想一下你遇到有人因為不情願而拖拖拉拉的情況。你是否告訴對方不該做什麼、把注意力放在他們做錯的部分，還是告訴他們應該做什麼？這些都是命令，大多數人都不喜歡被指揮來指揮去。

正如約翰．梅爾在本章開頭的引言所說，命令並不是有效的領導風格。如果希望別人願意合作（而不是不情願地遵守），聰明的做法是用「可以請你……」來代替「你必須」的命令。請對方開始做出你所樂見的行為，而不是放棄你所討厭的行為也是聰明的做法。

想像你是一家店的經理，以下是一些引導合作的方法。

- 不要說「你必須去貨架補貨」，而是說「可以請你在打卡下班之前去貨架補貨嗎？這樣明天早上十點開門時，店裡就準備好了」。
- 不要說「你今晚必須關店，因為喬伊斯需要早點離開」，試著改說「今晚請你關店，因為喬伊斯要早點離開去看醫生」。
- 不要說「不要拖到最後一刻才清點庫存」，可以採用詢問的方式：「威爾，能請你在等一下的空檔幫忙清點庫存嗎？這樣我們這周的任務就能提前完成。」
- 不要說「我不想再跟你講第二次了，不要在員工休息室抽菸」，而是說「我再說一遍，如果你想抽菸的話，請去指定的吸菸區」。

這些說法表達得既清楚又有禮，對方不會感到「被指揮」，而是能夠了解你對他們有何期望並且更有動力合作，因為他們得到了所有人都想要、需要和應得的尊重。

有位外科醫生反駁道：「可是我在手術過程沒有時間講得那麼有禮貌，我不會跟護理師說：『可以請你把手術刀遞過來嗎？』病人的生命危在旦夕，所以當我告訴手術團隊我需要什麼，他們最好馬上就做到。」

我說：「我很高興你提出這個問題。『詢問，不要命令』的建議當然也有例外。如果這是生死攸關的情況，那麼負責人一下達命令，每個人都應該開始動作是有道理的。問題是，『發號施令』是否已經成為一種習慣，你很習慣這樣對待身邊的其他人？」

他臉色發白，然後承認：「你說得對，發號施令已經成為我的習慣。我回家也都這樣對待我的老婆和小孩。」

軍官、高階主管和名人可能很習慣命令別人做事，而且不容接受對方拒絕。然而，這種傲慢的態度可能會令人反感。「告訴別人該做什麼」的習慣往往奠基於這樣的信念：我們更有經驗而且最了解要怎麼做事。就算你真的經驗老到，這樣的待人處事也不太圓滑。

即使你是老闆，對別人發號施令也常常會適得其反。下屬雖然聽令照做，但內心卻痛恨你這樣把他們當小孩一樣呼來喝去。若你是以合作的方式提出請求而非下達命令，對方更有可能接受你的要求，因為他們覺得自己受到尊重，而不只是來當社畜。

另外也有研討會的學員表示，等不及想回家跟太太好好談一談。「這場講座讓我意識到為什麼我們的婚姻不再有浪漫感，因為我們不斷告訴對方該怎麼做——你應該帶狗去看獸醫、你下班必須去拿乾洗好的衣服、你要去日托中心接孩子。」

他繼續說道：「這種說話方式透露出我們將彼此視為理所當然。俗話說『親近生侮慢』，對別人發號施令也會生侮慢。我們在相處十年之後，生活中的命令多於對彼此的熱情。我可以預期，學著提出真正想要的東西、不再因為不想要的東西感到不高興，會幫助我們找回關係中的浪漫。」

直觀地表達你想要什麼

我們的建議若能越具體，對方就越能加以想像、執行並獲得成果。這是至關重要的思維轉變和語言轉變，我希望你可以牢記。

如果你告訴某人「別擔心」，他們會繼續擔心。如果你告訴某人「你最好別再遲到了」，他們就會再次遲到。如果你告訴某人「別打斷我」，他們就會繼續打斷你。

改變他人行為的關鍵是直觀描述出「想要的」行為，而不是不想要的行為，這樣對方就可以在腦海中想像，舉例來說：

- 不要說「別擔心」，而是說「相信這會是最好的結果」。
- 不要說「你最好別再遲到」，而是說「請提早五分鐘抵達」。
- 不要說「別再打斷我了」，而是說「請讓我說完，然後就會輪到你」。

勵志作家伊絲特．希克斯說：「你所想的和你所得的總是相符。」你所獲得的成果會跟你提出的請求多具體成正比。這就是為什麼飛機如果因天氣因素延誤、需要返回航站，機長會透過對講機說：「感謝您的耐心等待。我們保證會在收到最新資訊後立即向您報告。我們非常感謝您的諒解。」感覺到他們如何播下正面情緒的種子，進而讓聽者產生正面情緒嗎？

想像一下，如果機長說：「我有壞消息，塔台剛剛告訴我們大雷雨即將進入這個地區，我們必須返回登機口。我不知道這會持續多久，大家只能坐等天氣轉好。」第一則廣播為良善的互動定下了基調，第二則廣播則是在為抱怨鋪路。

還有另一種方法可以激勵大家合作。許多衝突都是基於控制權之爭，如果有人不合作，不妨問問自己：「這是一場控制權之戰嗎？」

如果是（而且通常正是如此），請自問是否可以找到方法分享控制權，而不是讓其他人完全失去掌控力。大多數人都討厭單方面的決定，因為這代表他們無足輕重、沒有發言權、被排除在外，難怪他們會不情不願。

有一種分享控制權的方法是提供兩個你都可以接受的選項，然後問：「你比較喜歡哪一個？」比方說，如果有人詢問：「我晚一點可以去辦公室找你嗎？我需要向你報告預算方面的事情。」你千萬不要回答「今天不行，我的行程都滿了」，而是改說：「好，我們可以聊聊。我明天上午十點跟下午四點都有空，哪個時間對你比較方便？」

如果你從事客服工作，這個方法尤其適用。顧客抱怨的部分原因是覺得自己對情況失去控制權。如果你說：「我們可以做A方案，也可以做B方案。你喜歡哪一個？」客戶會更高興，因為他們重新掌控了一切，並且能夠自己做出最終決定，而不是由別人代為決定。

這一點看似微不足道，卻能產生很大的影響。從今天開始，如果遇到有人態度很強硬、拒不配合，請先問問自己是不是在告訴他們該做什麼或不該做什麼，這兩者都是命令。若是如此，請改為詢問而不是命令，現在都為時未晚，對方很可能會開始願意合作。

遇到有人不合作時的提示卡

你是一名舞蹈老師，正帶領學生準備即將到來的演出。今天天氣炎熱，學生注意力渙散，也不聽從指示。你已經忍無可忍了，該怎麼做才好？

該拋棄的話語	該使用的話語
失去冷靜 「星期六就要表演了，而你們都還沒有準備好！」	**保持冷靜** 「各位，星期六就要表演了，我相信你們想做好準備。」
說出你「不」想要什麼 「不要再滑手機了！它一直在分散你們的注意力。」	**說出你想要什麼** 「大家，請看著我，讓我們練習一下，把這個部分跳好。」
命令 「你們最好集中注意力，不然我要生氣了。」	**禮貌地請求** 「謝謝你們在接下來的半個小時裡把所有的注意力都給我。」
命令他們停止 「不要再聊天了！」	**請求他們開始** 「從三點開始，請你們讓自己沉浸在音樂中。」

14 找理由？

我聽過書裡的每一個藉口，但就沒聽過一個好的。
——鮑伯·格林（健身專家）

「我有一名員工老愛遲到，她總是有很好的藉口，但我真的受不了了。面對這樣一個不負責任的人到底該怎麼辦呢？」有位創業者在一次線上工作坊中提出這個問題，引發了一場深入的討論。

她仔細說明：「我經營一家美甲沙龍，有名資深員工慣性遲到，但基於多年來的情誼我都能接受她的理由。我承認太偏袒她了，後來另一名員工跟我抱怨：『這不公平，再怎麼困難的情況我還是每天準時上班打卡。普莉亞老是把遲到的原因歸咎於孩子，但我也有小孩，所以這不是天天遲到半小時的藉口。我最近開始想，我既沒有得到獎勵、她也沒有受到懲罰，這樣我到底為什麼該準時上班。』」

這名員工內心的疑問很有道理。有些人之所以習慣性地找藉口，是因為到目前為止已經多次利用這招「僥倖逃脫」了，他們自然而然覺得沒必要改變。

和你一起工作的人中有誰經常為自己沒做到的事情找藉口？請參考以下「如何讓人承擔責任」的流程，了解如何改變這個模式。

1. **思考剛開始是否有擬定這類行為的相關政策**。面試或新進員工培訓期間是否討論過準時上班的相關規範？

2. **反思這項政策的執行是否一致**。當事情發生或在一對一面談中，是否對此說過任何話？如果員工遲到，是否有受到相應的懲戒？還是你們談過之後便不了了之，對方也沒有承擔任何後果？

3. **如果前兩個問題的答案都是否定的，請理解該員工當然會認為自己有權利這樣做**。他們會覺得如果這件事很嚴重的話，你應該會主動跟他們說。既然你沒有什麼動作，那麼就表示沒有關係。

4. **勇於承認錯誤**。突然要別人為一項不曾制定或執行不良的規範負責是不公平的，請你承擔起未盡告知義務或管理不周的責任。

5. **提出新的行為規範開始執行的日期**。不能在沒有事先提醒的情況下就直接啟用新規範，並期待員工可以馬上改變行為。在新規範拍板上路之前，可能需要做出一些合理的調整，例如安排員工共乘或是日托中心接送服務。

6. **請說「從現在開始，事情會有所不同」，並概述後果。**請說明如果員工不遵守新規範會發生什麼事，並且明白告知：「不要在這件事上測試我的底線。你們必須負起全責，沒有任何藉口，也沒有任何例外。」

7. **不要問「你明白了嗎？」他們多半會點頭，但這可能只是虛應故事。**請透過問句：「你對這項新規範有什麼理解或看法？」讓他們表達自己會採取哪些做法，並確認他們知道不遵守規定的後果。如果這是長年累積的問題，你可能需要請他們簽署協議書，表明他們已獲悉此事並同意改變自己的行為。

8. **安排後續的進度會議，別讓問題無疾而終。**請盡快定好日期來追蹤這個問題的後續，這樣對方就知道你是說到做到，不會再像以前那樣輕易地放過。

過程中，你可能會驚覺這些狀況早就有前例了。慣性找藉口者往往試圖讓現實與自己的理由相符合，期待你能跟著他們的邏輯走。事實上，他們可能也會試著顛倒是非黑白，反過來讓你因為執行新規則而內疚。他們不但不會承認行為不當，還會試圖把你講成缺乏同情心的人。只要遵循前面的流程，就可以幫助你堅持到底，不會被他們的情勒伎倆牽著走。

有位朋友告訴我，這個流程幫助她的先生馬特與一名多次在工作時間玩遊戲被抓包的員工進行了問責溝通。以往那些關於「專業精神必要性」的提醒對這名員工來說根本不痛不癢。

馬特清楚列出新的規範。「我設立了規則：不可以在工作時間玩遊戲，也不能隨便就消失好幾個小時。我不敢相信，他一直在合理化自己的行為，並且說『這又沒什麼大不了』。我鄭重告訴他：『崔弗，這其實很重要。我已經說明了我們的新政策，會要求所有員工都要好好遵守。客戶付錢給我們是來做好專案，而不是來玩寶可夢的。請你向我說明一次你對這項規範的理解，並且要了解這是繼續在我們公司工作的必要條件。』」

找藉口者可能會情緒勒索你

> 對於任何有意義的商業交易來說，長期建立的信任是必不可少的要素。
>
> ——朵莉・克拉克（商管作家）

學員萊諾拉則在課程中分享：「每次我告訴員工她不能一直在上班時間打私人電話，她總是有辦法生出一套令人同情的故事。我變得很難相信她，因為我永遠不知道她說的是不是實話。」

萊諾拉提出了一個重要觀點。凡事都有藉口的人很難獲得信任，因為他們是操縱大師。他們可能會說「你不明白這對我來說有多難」，或者「但我小孩的老師打電話來，我必須接聽」，他們的目標就是把問題推到你身上。

一名資深的招聘專員證實了這一點：「我在長達十年的職業生涯中，注意到一個模式。有些人總是能用正面角度看待事情，譬如『我很幸運，大學畢業後就在一家頂尖公司工作』、『我很高興能跟到用心帶我的主管』。即使事情發展不如理想，他們也會專注於自己學到的東西：『雖然人員流動率在疫情期間變高，但我們團隊還是努力接手各種業務。』他們是我會推薦和僱用的求職者，因為他們展現出自己有何能耐。即使經歷公司被併購或經濟衰退等困難時期，他們也都能快速適應。

「相比之下，有些求職者就明顯『有毒』。他們很喜歡扮演受害者，宣稱待過的每家公司都很糟糕。我不會向任何客戶介紹這些人選，如果以前每家公司都對他們不好，那麼他們開始抱怨新公司也只是時間問題。」

在決定是否與對方進行個人或職業上的互動時，請從他們如何談論以前的關係中尋找反覆出現的議題。如果他們以前打交道的對方大多有問題，那麼你就是他們名單上的下一個。

不要逃避後果，要承擔後果

總有一天，每個人都會坐下來享受後果的盛宴。

——羅勃．路易斯．史蒂文生（小說家）

朋友海蒂告訴我：「身為父母，我有責任不讓孩子找藉口逃脫懲罰。如果他們在家裡這樣做，就勢必會在學校、工作和所有人際關係中這樣做。這對他們來說不會有什麼好處。」

「這是很有智慧的看法。那麼，如果你小孩找藉口，你會怎麼說？」

「剛剛才發生一個例子。我女兒不慎灑了一大片指甲油在廚房地板上，我發現的時候很不高興，因為我們有規定只能在浴室裡搽指甲油。我女兒試圖把矛頭指向我：『媽，你幹麼生氣？這是意外，我又不是故意的，我只是忘記了。』

「我告訴她：『每個人都有忘記的時候，但這不能改變你違反規定的事實。意外是會帶來後果的。請把地板清理乾淨，然後把指甲油交出來。下個月你才可以把它拿回去，這樣你就會記得遵守規則。』」

從現在開始，每當有人找藉口，請提醒自己不要視而不見，這麼做並不是在幫助他們。請讓他們對自己的行為負責，這才是影響一輩子的幫助。如果他們抱怨「什麼爛規則」，請你回覆：「不管如何這就是規則，你需要像其他人一樣好好遵守。」

海蒂說：「現在就讓對方承擔責任，可以幫助他們在未來承擔更多責任。每次督促對方承擔後果而不是逃避時，我都是在形塑他們的品格。」

海蒂是對的，越早參加後果盛宴的人，以後參加的次數就越少。

簡單放對方一馬，並沒有任何實質幫助

如果你真心想做一件事，就會找到方法；如果你不是，就會找到藉口。

——吉姆．羅恩（自我發展專家、勵志演說家）

從「言行一致」的角度來思考如何負責任可能有所幫助，這都要歸功於我的兒

子安德魯帶來這項領悟。我的新年新希望是健身減重，為了表示支持，安德魯贊助了健身房會費，並約好母子倆每周三天的早上要在健身房見面。然而就像數以百萬計許下這個新年願望的人一樣，我在最初的幾個禮拜中做到了，但隨著生活日漸忙碌，我就開始擺爛。幾個月後，安德魯打電話給我：「媽，你到底想不想健身？」

很尷尬的是，我開始丟出一堆沒有去健身房的藉口，還好安德魯並不買單。事實上，他反而用一句話來提醒我我的初衷（有其母必有其子啊）。他說：「當年是你跟我分享吉姆．羅恩這句話的。媽，你是在找方法還是在找藉口？」

安德魯提醒了我不做到自己說過要做的事就是一種撒謊。如果我想保持言行一致，就需要信守諾言，每周去健身房報到。我有每周一、三、五都去健身房嗎？沒有。我去的次數有比以前多嗎？絕對沒有。敦促我的是這個想法：「我可以找藉口或讓自己言行一致，但兩者無法兼得。」

正如作家羅麗．布坎南（Laurie Buchanan）所言：「即使是你沒有改變的事情，你也在做出選擇。」下次有人找藉口時，不妨用吉姆．羅恩或羅麗．布坎南的話來提醒他們，持續行動也是遵守諾言的方式。雖然他們當下可能不喜歡聽到這些，但未來很有可能會感謝你的提醒。

應對愛找藉口的人的提示卡

你經營一家狗狗日托中心，僱用了兩名學生每天帶狗狗出去散步兩次。今天你意外發現他們走沒多遠就開始忙著滑手機，而不是認真遛狗。

該拋棄的話語	該使用的話語
不設定任何規範 「是我的錯。我從來沒有具體說明要做什麼。」	建立並執行規範 「還記得你們在面試的時候，我們說過必須帶著狗狗繞公園走兩圈嗎？」
被對方的理由動搖 「今天確實很熱，這樣吧，你們今天就不用遛狗了。」	詢問結果 「你們說得對，外面很熱，所以請確保你們和狗狗都有補充足夠的水分。」
迴避後果 「這次我就算了。」	執行後果 「請問你們對規範有什麼理解？」
為自己的決定辯護 「我又不是故意要為難你們。」	讓他們承擔責任 「請你們想一想怎麼做才是對狗狗和保住這份工作最好的。」

15

沒在聽？

傾聽不僅僅意味著保持安靜，還代表處在當下。

——克莉絲塔・蒂皮特（Podcast主持人）

「我的男朋友總是低頭看手機，很少把注意力放在我身上。他說他有在聽，但我看得出來他只聽進去一半，我覺得自己在跟手機爭奪他的注意力。」

說來諷刺，你確實是在跟手機爭奪他的注意力。在本章後面會探討手機成癮問題，以及這又對人際關係造成什麼影響。現在我想分享一個採訪世界各地成千上萬人時得出的有趣觀察——當我們認為對方沒有在聽自己說話時，我們可能也沒有在聽他們說話。

我們先聚焦在如何成為更好的傾聽者吧。為了幫助你換個角度觀察，請回答以下問題：

- 誰是會認真傾聽你的人？
- 他們做了什麼事情所以成為優秀的傾聽者？
- 對方帶給你什麼感覺？
- 你對他們有什麼看法？

這些問題我問了二十年，發現一個驚人的趨勢，大多數人只能想到一、兩個認真傾聽他們意見的人。想一想，我們可能號稱認識數百、甚至數千人，但只有一、兩個人會真正傾聽我們的話?!這是怎麼了？

很多人的內心思緒躁動不安，大腦中隨時隨地都有喋喋不休的聲音。儘管眼前有人正在跟我們說話，但我們一直在想其他事情：有松鼠！我有沒有忘記關瓦斯？孩子的籃球比賽幾點開始？

只要我們被內心的各種「窸窸窣窣」分心，就不是真的處於當下，而是在這裡、那裡、四處飄移。我們可能就站在某人旁邊，或透過視訊看到他們，然而在彼此腦海裡我們相隔千里之外。

為了仔細傾聽，我們需要暫時放下自己心中的種種事項，專注於對方身上。接下來會提到一個例子，說明仔細傾聽如何締造有意義的人際連結。

想要真正傾聽，必須將自己的待辦事項擱一邊

我透過仔細聆聽學到很多東西。大多數人從來不聽。
——海明威

前面章節提過，我的兒子安德魯創立非營利組織「兒童之夢」。有一年他們想為有特殊需求的孩子們籌劃一場聖誕派對，安德魯於是聯絡到霍華德大學校園中心主任的羅貝塔，希望能說服她同意把空間借給「兒童之夢」舉辦活動。

會議開始三分鐘後，安德魯發現羅貝塔客氣卻疏離，好像一等他會報完就準備拒絕。於是他沒有繼續自顧自地報告，而是停下來，設身處地為她著想。她可能正在思考：你竟然想要免費使用?!你知道多少團體想預約這裡嗎？

他意識到，如果再不停止簡報並把注意力聚焦在羅貝塔身上，這次提案一定會被打回票。他環顧四周，注意到她辦公室牆上貼了許多成為成功商界領袖、政治家和教育家學生的照片。這透露了她所看重的事物的重要訊息。於是安德魯問她：「請問你是怎麼進入這一行的？」羅貝塔分享了自己的成長經歷、接受教育如何幫

助她成為自己想成為的人，談到幫助學生獲得支持和機會，是多麼令人有成就感的事。

等她說完，安德魯真誠地回應一句話：「這也正是我們想做的。」她認真打量他良久，最後微笑著拿出行事曆：「好吧，安德魯，請問活動日期是哪天？」

安德魯並非把傾聽當成一種操縱手段，他只是意識到自己是成千上萬想要從羅貝塔那裡得到東西的人之一。他原本準備的簡報內容只能得到左耳進、右耳出的待遇，因為羅貝塔聽過太多次了。然而，他停止說話並花時間關心對她來說重要的事情，他們反而建立連結。想知道這個故事的後續嗎？霍華德大學已經協辦過十場「兒童之夢」的聖誕派對，招待數百個家庭在校園中心跳舞、唱歌、玩耍、慶祝。

如果我們希望別人關注自己，首先必須有耐心並關注他們，做到這一點的方法就是給予他們「四個L」——觀看（Look）、傾身（Lean）、揚起（Lift）、等高（Level）。

觀看：看著對方的眼睛。勵志作家史考特．派克說：「你不可能在認真傾聽別人的同時做其他事情。」我們的注意力就在我們視線所在的地方。如果眼光四處移動或聚焦在其他地方，對方會認為我們分心了，並選擇以沉默或提高音量來重新吸引我們的注意力（不過請注意：在某些文化中，直視別人的眼睛是不妥當的）。

傾身：朝對方靠近。如果你一邊使用電腦或手機，對方會認為你只聽了一半。《重新與人對話》的作者雪莉·特克表示：「即使手機是面朝下放在桌上，也表明了對方並非你的第一優先。」這就是為什麼有人想跟你講話時，把手機收起來或遠離電腦非常重要，這些肢體動作宣告了「其他事情可以等，你更重要」的訊息。此外，當你的身體傾向對方，也確實是在拉近彼此的距離。這個姿勢表明你是真心想聆聽他們要說的話。

揚起：揚起眉毛。如果你一直面無表情，對於對話的興趣也會隨之消散。即使你很累，只要稍微挑動眉毛，你的臉就不會看起來死氣沉沉，還能消除昏昏欲睡的感覺。現在就試試看，挑一下眉毛，不覺得更有活力了嗎？如此一來，雙方不只是「看起來」更有興趣，而是真的會感覺更有興趣，雙贏！

等高：讓雙方平視。如果你很高而對方很矮，或者你站著而對方坐著，不管你是多有同理心的人，都會給人高高在上的感覺。別人很難相信你有從他們的角度看問題，唯有彼此面對面、平視，對方才會認為你們確實觀點一致。

有很多事情要做的時候，人每每需要自律才能全神貫注。想測試一下你是否給予對方全部的注意力？請問問自己，我真的有在聽嗎？還是只是在等輪到我說話？心煩意亂時，不妨設下一段保持專注的時間，告訴自己：「我雖然有很多事情要做，但眼前這個人對我很重要。在接下來的十分鐘裡，我會透過四個L，把對方放在第一位。」

真的有在聽？還是在等輪到我說話？

有位負責舉辦公司年度野餐會的女士瑪莎表示，「四個L」幫助她免於犯下尷尬的錯誤。

為了了解活動規劃進度，瑪莎召集活動組成員開一次視訊會議，會議當天卻收到好幾封電子郵件，這些成員表示自己沒辦法報告進度。瑪莎本來很氣這些同事不負責任，準備要下最後通牒，這時餐飲負責人道歉並解釋，她的女兒上周比賽壘球時被球擊中，緊急送醫動手術，她需要勤跑醫院照顧。總務負責人則是最近確診，病到幾乎無法起床……他們一一描述了比進度報告更重要的特殊狀況。

瑪莎說：「我很高興自己傾聽了他們的意見，而不是急著斥責他們。」

我想你應該可以明白暫時擱下其他事務、專注於傾聽別人的談話是很重要的。

要是你目前真的沒有時間和精力，不妨跟對方討論其他合適的時間，溝通過程盡量與對方眼神交流，讓他們知道你的誠意：「我真的很想知道你的近況，我目前有個專案要趕工，我們可以先約好下周的時間好好聊一聊嗎？」

對方會理解你有其他事情要做，他們不會理解（或原諒你）的是你總是藉口太忙、連留一點時間給他們都沒辦法。你已經很久沒有好好聆聽誰的話了？希望你能盡快挪出時間，並且運用「四個L」好好傾聽。

心理學家愛麗絲．米勒說：「傾聽代表著對我們所聽到的內容抱持強烈興趣。你可以像一面空白的牆那樣聆聽，或像一座華麗的禮堂，讓每個聲音都變得更加飽滿和豐富。」與關心的人對話時，請身體前傾、揚起眉毛，這樣你就會對他們所說的話表現出濃厚興趣，並使用第十一章的「回饋循環」技巧，這樣你就可以像一座華麗的禮堂般傾聽，並回應對方所說的一切。

專心傾聽是最好的禮物之一

沒有哪家科技公司會考慮什麼對人類來說是最好的，只會考慮什麼對公司來說才是最好的。

——崔斯坦・哈里斯（科技倫理學者）

還記得本章開頭的求助問題，當事人的男朋友因為一直滑手機而沒在聽她說話，當今有手機成癮問題的人不在少數。

我有幸與「人本科技中心」的共同創辦人——崔斯坦・哈里斯會面，他也是Netflix紀錄片《智能社會：進退兩難》中的受訪專家之一。他的使命是提醒我們，數位產品如何精心設計讓我們沉迷於不斷地滑、滑、滑。哈里斯表示：「技術正在引發一系列看似互不相關的事情——注意力持續時間縮短、兩極化、文化憤怒化、大規模自戀、操縱選舉、對科技的成癮。」

正如他所言，「世界上唯一符合道德倫理的遊說形式是：遊說者的目標與被遊說者的目標一致」。可惜，大多數科技公司的目標與他們所謂的「用戶」並不一致，結果「這是扭曲人性的，這也是人性的挫敗」。

對此我們能做些什麼？也許規定「吃飯時禁止使用、出現任何3C產品」是不錯的方法。這聽起來可能很極端，但根據Reviews.org網站上所公開的統計數據也顯示出情況的嚴重性：

- 百分之七十四的美國人對於將手機留在家裡感到不安。

16

滔滔不絕？

有些人講個不停的原因之一是試圖讓談話對象知道自己有多聰明。

——馬克・葛斯登（心理醫師、自我成長作家）

「團隊中有一名很聰明的工程師，但他不懂得什麼時候該停止說話，導致大家一看到他朝自己走過來，就急著趕快落跑，避免要聽他長篇大論。對於升遷他只差臨門一腳，只要能學會適時住嘴就行。請問你有好方法嗎？」

這封來自某科技公司的電子郵件，是我和瑞克（化名）展開合作的契機。我請瑞克到我的居家辦公室一起工作一整天，見面大約一個小時後，我明白為什麼他說話停不下來。因為瑞克講話沒有明確目標，想到什麼就說什麼，不曾自問現在講這些恰不恰當，以及對方是否願意或需要聽到這些資訊。

我知道身為一名工程師，他對數字是比較有感覺的，所以建議他在互動時為自己設立指標。「比如說，推特（X）有兩百八十個字的限制，如果訊息太長就會送不出去。從現在開始，請為每一次的溝通設下一個可測量的標準。你可以在桌子上放一個煮蛋計時器，提醒自己每次說話時間不要超過三分鐘。」

他皺起了眉頭：「如果我要講的事情需要更長的時間怎麼辦？」

「你可以先暫停一下，詢問對方：『有沒有問題？』『想知道更多細節嗎？』『你覺得怎麼樣？』讓大家有機會說出自己的想法，這樣你就可以建立雙向對話。」

我接著說：「你聽過帕金森定律嗎？在工作能夠完成的時限內，工作量會一直增加，直到所有可用時間都被填滿為止。說話也一樣，在沒有時間限制的情況下，我們可能會想不停地談論。下次你又開始有衝動想滔滔不絕講下去時，不妨舉起煮蛋計時器，讓大家知道所有人一次最多都只能講三分鐘。或者在手機上設定計時器，並且挑選悅耳的鈴聲（而不是煩人的鬧鐘）來提醒『時間到了』。設定時限可以幫助我們『跳過大家不在乎的部分』。」

巧妙終止長篇大論的七個步驟

如果你的問題在於滔滔不絕的人是客戶或同事，是時候干預負面模式了。如果你淪為對方單方面長篇大論的虜囚，請使用以下七個巧妙終止的步驟，重新建立更加平等的意見交流。

1. **確認獲得滿足的需求是否失衡**。如果有人連續講了二十分鐘，他們的需求就得到了滿足，但是你的需求呢？其他等待與你交談的客戶的需求呢？那些你沒有時間回覆的電子郵件呢？你可以發現這個時候的需求天秤是不平衡的。我學到最重要的事情之一是，任何關係的成功都取決於我們是否保持「需求規模」的平衡。

如果對方一直說、說、說（或者做所有的決定），而你沒有機會發表評論或做出貢獻，那麼需求的天秤就失衡了。他們的需求得到滿足，而你的需求卻沒有得到滿足。在這種情況下，打斷並以委婉的方式結束這段獨白並非自私之舉，反而是明智之舉。讓需求恢復平衡是你的權利和責任，這樣雙方的需求都能得到滿足。

很多人從小被教導「打斷對話很不禮貌」，請更新這種觀點。如果有人不肯停止一直說話，導致其他人的需求被忽視，那麼打斷並不無禮，而是正確的事。

2. **說出對方的名字來打斷**。請不要發出幽微的信號，希望對方會接收到暗示。憤怒跺腳或盯著手機看是沒有用的，這些喋喋不休的人通常會忽略禮貌的暗示，畢竟他們要是有人際狀態意識，一開始就不會說個不停。如果你貿然插嘴，他們可能會生氣並提高音量，不過人在聽到自己的名字時會停頓，這給了你介入的機會。

3. **總結他們所說的內容**。如果你只是搶回發言權，對方會覺得被冒犯，但如果你重述他們前面所說的話，他們會覺得受到傾聽，並知道你明白他們想要傳達的重點。

4. **用「只要……就立刻……」或「我希望……」收尾**。如果你需要採取行動，可以說：「只要一掛斷電話，我就會立刻聯繫我們的配送中心，提醒他們注意這一點。」讓對方知道談話結束後你會做什麼，有助於他們放你離開，好讓你盡快解決問題。

如果他們滔滔不絕是因為單純愛講話，或是真的需要找個人吐苦水，請用「我希望」來收尾：「荷西，我希望有更多時間可以了解這件事，我現在正在接受員工訓練。我會在詢問同事之後回覆你事情進展，好嗎？」使用「我希望」的句型可以稍微軟化你在縮減談話的事實。

5. **以友善話語來結束對話**。例如「感謝你提醒我注意這件事」和「我期待明天再聯絡你」等友善話語抵消了唐突的感覺，請確保你的語調是溫暖又肯定的。如果你用「好嗎？」等帶有詢問意圖的句型或語調，就是把發言權又丟回對方手上，事情會沒完沒了。「我很高興我們有機會解決這個問題」或「我會把你的建議轉達給我們的人力資源總監」等溫暖的語言，可以防止他們覺得自己受到冷落。

6. **使用肢體語言委婉地脫離互動**。如果對方就是不肯停止說話，那麼你就得更加果斷了。請從椅子上站起來或後退幾步，明確地說：「討論到此為止。」一定要保持眼神交流，並說「很高興再次見到你」之類的話，這樣對方就不會覺得你把他們完全拒在門外。你還可以提到自己接下來的行程：「小組會議五分鐘後開始，我最好趕快去拿筆記本，這樣才能準時到達。」這樣對方心裡會好過一點。

7. **告知對方一定要停止**。提前告知對方，你（或團隊）還剩下多少時間，例如：「塔拉，提醒一下，我整點要接客戶的重要電話，所以我們還有十分鐘可以釐清後續該怎麼做。」如果你正在主持小組會議，也可以使用同樣的技巧來保持需求平衡。如果有人發言大大超時，導致議程延誤，請說：「法蘭，我們剩二十分鐘，議程上還有三個事項要討論，我們要加快速度了。」

提醒自己和別人不要說個沒完的一句話

你知道我們需要什麼嗎？適合不停說話的人的戒癮團體。

——寶拉．龐德斯通（喜劇演員）

夸米說：「如果喋喋不休的人是父母呢？我媽每周日都會打電話來確認我的近況，如果我放任她的話，她可以講上好幾個小時的電話。我知道她很孤單，但我也有自己的生活要過。」

如果你身邊有人喜歡講個不停，那麼該思考一下這段關係中需求的天秤了。例如，你可能會選擇聽媽媽說話，因為你愛她，這是你給她的禮物。然而她要是每次打電話都想聊幾個小時，你可能會開始心懷不滿或不接她的電話，這樣沒有人是贏家。

我的朋友珊卓拉說，兒子去外地上大學曾與她就此事進行了誠實的溝通，對她很有啟發。「我兒子打電話回來問：『我需要艾羅的電話號碼，請問你還有貼在冰箱上嗎？』有，我把號碼給了他，他準備掛電話，但想到我們有一段時間沒有說話了，所以我問他有沒有看最近一次的大學籃球賽。」

珊卓拉說：「他說『有，那場很棒』，然後又準備掛斷電話。我又問了一個問題：『你期中考考得怎麼樣？』他說『我得了B』，然後說了一句讓我停下來的話：『媽，你從來都不是第一個結束談話的人。』

「我解釋說，問這些問題是為了讓他知道，他告訴我的話我都有聽進去，而且也想讓他知道我關心他，對他重要的事情對我也很重要。我告訴他，『這是一種彼此連結的方式。』

「『媽，我們確實有啊。我詢問艾羅的電話號碼，你給了我，事情就搞定了。』我在與千禧世代打交道時，學到最有價值的一句話，就是『知道了』。我發現自己會把長時間交談跟產生連結畫上等號。不過在他看來，只要我們有說到話，就已經建立了連結。現在他打電話回來問問題或更新近況，我經常回答『知道了』，然後當第一個結束對話的人。猜猜看誰更常打電話回來？」

你生活中那些滔滔不絕的人，是否也把「長時間講話」視為「產生連結」的主要方式？若是如此，你可能需要使用第八章介紹過的「頭腦、內心、核心」方法來進行一段坦誠的對話，以保持彼此需求的平衡。

滔滔不絕者是否把時間視為愛的表達？

孩子們經常把時間視為愛。

——吉格・金克拉（勵志演說家）

有名學員塔米卡說：「我要和朋友一起使用這個技巧。她剛離婚，這陣子開口閉口都是這件事，我雖然很同情她，但實在是受不了了。有幾次她想約我吃晚餐，我推說很忙拒絕了，因為真的沒有力氣繼續聽她抱怨前夫做了哪些討人厭的事情。」

我建議：「這樣很好，你是在主動善待她。請確保會使用『頭腦、內心、核心』方法來解決這個問題，而不是繼續迴避她。」

1. **頭腦和事實：**「莫拉，過去三個月我們的話題都集中在你離婚、打官司和你前夫。」

2. **內心與情感：**「我的心與你同在。經歷這一切一定很痛苦，這對你來說真的很不公平和不值得。」

3. **核心和需求：**「我們可以換個話題嗎？我想跟你說說我生活中發生的一些新事情，而且我們也可以安排不錯的按摩行程來舒緩壓力。」

我告訴塔米卡：「你的朋友一開始可能會有點訝異，不過你這麼做對她有好處。如果她跟你聊天、見面時都耽溺於這個話題，很可能跟其他人相處時也有同樣的狀況，但其他人可能沒有勇氣提醒，而是開始疏遠她。你為她提供了人際狀態意識視角以及建立更公平關係的機會，對她是有幫助的。」

遇到說個不停的人的提示卡

你在客服中心工作。如果你講得太多，考績會變低，但是如果客戶講太多，你貿然打斷會被投訴沒禮貌，你的考績也會降低。

該拋棄的話語	該使用的話語
被動地讓對方長篇大論 「她不讓我插話。」	**嘗試巧妙終止** 「我需要主動解決這個問題並服務下一位客戶。」
在對方沒完沒了地說話時乾等 「哇，她都不用換氣。」	**說出對方的名字** 「沃克太太，我很高興你讓我注意到這件事，還有……」
保持沉默 「她想要的不是答案，而是聽眾。」	**用「在……之後，就會馬上……」打斷** 「沃克太太，在我們掛斷電話之後，我就會馬上聯繫我們經理，然後……」
讓對方發洩 「她還是沒有換氣。」	**平衡雙方的需求** 「我讓她講了十分鐘，現在輪到我了。」

- 我沒有足夠的力量、清晰的思緒、勇氣或精力說不。

如果你是因為前述原因而同意，那你會否決自己的PIN（優先事項、興趣、需求）。請好好了解自己的PIN！在這些情況下，屈服於對方的願望並不符合你的最佳利益，說出「不，謝謝」才是最符合你的利益。

除了詢問前述的問題之外，你還可以做一個簡單的練習：拿一張紙畫出兩個欄位，中間有一條垂直線，在左欄上方寫下「其他人的需求」，右欄上方則寫下「我的需求」。

在左側欄位寫下你過去協助或服務對方的所有方式，以及你同意滿足他們需求的所有原因。接著在右側列出你的所有需求（健康、睡眠、與家人和朋友相處的時間、個人或職業責任、充電時間等）。

檢視這兩個欄位的內容，也許就能了解你是否一直以犧牲自己的優先事項為代價來為他人服務。這個方法有助於你意識到拒絕對方的要求並不自私，而是明智之舉。

現在讓我們來看看如何在不疏遠對方的情況下加以拒絕。

明確拒絕的四種方法

人們放棄力量的最常見方式就是認為自己沒有力量。

——愛麗絲．華克（普立茲小說獎得主）

1. **說「不」和「好」**。拒絕對方的請求並提出更符合你條件的替代方案。例如說：「我很感謝你的提議，但我無法擔任主席。我很樂意為新任主席提供諮詢和分享經驗，幫助他們更快上軌道。」

2. **拒絕並改由其他方式滿足需求**。讓對方知道，雖然你不能答應這項要求，但可以幫忙找到合適的人選。你可以說：「我沒辦法擔任委員會主委，不過，我想推薦貝妮西亞，她向我提過她的興趣，她可以做得很好。」這對大家來說都是雙贏：對方仍然獲得一名領導者，你也得到更多的空閒時間，而貝妮西亞得到了她一直在尋求的領導機會。

3. **優雅地、毫無愧疚地說「不」**。如果你持續不斷給予、給予、給予，就有權利名正言順地拒絕（即使你沒有給予那麼多也適用）。解決他人的困境並不是你的責任，你不妨微笑著說：「謝謝你的好意，但我已經跟家人約好晚上和周末都是家庭時光，我想實現對他們的承諾。」

4. **使用委婉辭令**。請避免告訴對方：「我知道你迫切需要幫助，但我現在不可能主持委員會，我已經快要垮了。」相反地，請多多運用社交手段：「我知道你需要幫助，我也希望有空閒時間參與，但我沒有。我想建議的是……」

這些回應可以幫助你維持人際關係和你的界限。然而，如果有人強迫你現在就要答應該怎麼辦？

有時對方故意催促你做出決定，是不想讓你仔細考慮。他們不想要給你最好的，他們想要給自己最好的。他們希望自己能藉此占上風，讓你同意一些本來會拒絕的事情。

如果發生這種情況，請用我的朋友茱蒂．格雷的回答來堅持自己的立場：「如果你現在就想要答案，那答案就是『不』。」無論如何，你有權要求更多時間做出決定，除非「立即回覆」是明文記載於你的聘僱合約中。

如果現在你一想到要這樣回應就感到畏縮，那就先在家裡練習大聲說出來，直到你能比較流暢地說出來為止。這樣在有需要的時候，你就能更自在、自然地說「如果你現在就想要答案，那答案就是『不』」，對方會明白你不是心懷惡意地拒絕，只是在說實話。

有人想拗免費建議該怎麼辦

習慣低於行情價碼的那一刻起，你獲得的只會越來越少。

——莫琳．道（專欄作家）

有名經驗豐富的顧問告訴我，他常遇到尷尬的情況：「我在這行業也算有點名氣了，所以很多人都想知道我的『成功祕訣』。我每天都會收到一些邀請，他們想請我去喝杯咖啡，趁機從我這邊偷學幾手。我是很看重回饋大眾這件事，一直有在指導新創企業家，但真的沒有時間跟每個需要我建議的人『聊天』。你有什麼建議嗎？」

我告訴他：「幾乎每位成功的專業人士都會遇到這個問題，無論是醫生、律師還是企業家。我建議你設定一套對策，這樣就不必耗費時間重複回答類似的詢問。這些『有界限的回饋對策』可以幫助你主動、優雅地處理這個問題。」

- 如果對方打電話或發電子郵件提到「簡單問個問題」或「請你喝咖啡」，那麼可以說「我下周有空檔，很樂意安排一次十五分鐘的免費諮詢」。這樣的回覆可以讓對方知道你很忙，可不是說約就約的。如果你馬上回電或回覆電子郵件，無異於打開潘朵拉的盒子，並開啟了二十四小時內快速回應的前例。他們可能會不斷提出後續的問題，並自在地要你提供更多建議，不認為「簡單問個問題」哪裡不對，畢竟這招之前是有用的。

- 若是專業人士來尋求免費建議，請說：「我有針對這個議題提供諮詢服務，也很樂意在十五分鐘的免費諮詢中回答你初步的問題。十五分鐘後如果你想更進一步，我們可以討論一下不同的諮詢方案，你可以決定後續怎麼進行。」這麼做為你願意付出多少時間設定了明確的參考。另外，這也是一種雙贏，他們有機會參考你的經驗，你也以自己為優先，並且保護了透過專業知識獲得報酬的權利。

- 當談話接近十五分鐘時，你可以說（如有必要，請打斷對方）：「史蒂夫，跟你討論我覺得很愉快，我們還有時間再問一個問題，你想聚焦在什麼方面？」如果對方不停說話、超過十五分鐘，請打斷並說：「史蒂夫，我希望這次的諮詢對你有所幫助。我後面還有其他行程，所以今天就先這樣。如果你有興趣做進一步的諮詢，我可以請助理傳詳細的方案給你參考。」

- 不必閒聊，每次會面都開門見山地說：「我很期待今天跟你見面。為了充分利用時間，你想特別諮詢什麼議題嗎？」人在只有十五分鐘可用的時候，通常不想閒聊了。請聚焦於他們優先想討論的事情，這樣他們就會覺得這次諮詢效率非常高。
- 建議他們錄下這次的對話。通常在分享從多年經驗中收集到的寶貴經驗時，人會進入心流狀態，並說出一些金玉良言。如果對方不趕快記錄下來，就可能會錯失這些洞見，反覆聆聽錄音也能幫助他們獲得新的見解。此外，錄音可以長期保存的特性，也讓這十五分鐘的價值翻倍。
- 如果有人想要在下班時間談論工作的事情，你也真心想協助對方，我建議你們來趟「散步諮詢」。我幾年前就開始這樣做，很多人整天都坐著，如果我敬重的人想請我吃飯聊聊，我會提議一起散個步，過程中他們可以錄下這次的對話。「散步諮詢」也適用於遠端，事先告訴對方你在通話期間會出去散步，同時也可以建議他們嘗試看看。這些免費諮詢請務必限於語音通話，視訊通話只會加深你的疲勞感。

另一種選項是創造人人都可以獲取，且內容豐富的資源——部落格、LinkedIn貼文、（免費）電子報，或是可以從你的網站下載的平價電子書。這些都能快速又方便地提供免費諮詢服務。

總而言之，你需要好好檢視是誰在強迫你做些什麼事？你要怎麼深入了解自己的PIN並保持需求的平衡？遇到要求前，也請問問自己：我是否有疑慮？我之後會改變心意嗎？如果你的答案是想要拒絕對方，那麼現在就明確地說「不要，請尊重我的決定」，設定好界限對你們雙方都有好處。

有人想強迫你同意的提示卡

你有一艘全新的船，朋友想借一天開出去釣魚。你不太信任他會好好愛惜船，但他卻步步進逼，希望你點頭答應。

該拋棄的話語	該使用的話語
屈服並配合 「嗯，好吧，但你把它還回來的時候最好不要是沒油又髒兮兮的。」	**明確拒絕** 「東尼，我的保險不承保其他使用這艘船的人。」
只滿足他們的需求 「我知道你想帶你爸去釣魚，那就去吧。」	**滿足雙方的需求** 「東尼，歡迎你和你爸下周末和我一起出去釣魚。」
急著馬上就要回答 「別再拿這件事煩我了。這是我的船吔！」	**慢慢來** 「如果你現在就想要答案，那答案就是不行。」
使用不尊重的言語 「你是在情勒我吧！你這個爛人。」	**使用委婉用語** 「東尼，我懂你為什麼要借船，而我也很清楚我不會借。」

18

懷恨在心？

生命太短，沒時間長年心懷怨恨。

——伊隆・馬斯克

「我這次真的大完蛋！我忘記參加我姐的獲獎典禮，她不願意原諒我。我已經道歉過很多次，她就是不接受。怎麼辦？」

我們要如何才能重新獲得信任？如果過去曾讓別人失望，該怎麼做才能讓對方相信我們會是可靠的？我們又該如何放下恩怨？

我很意外當年年幼的兒子們教會我如何放下怨恨和不滿。那是個下雨天，六歲的安德魯覺得無聊，拿著蠟筆把客廳牆壁畫成色彩繽紛的壁畫。我對此不是很高興，在讓他明確了解我的感受的過程中，他不安地蜷曲腳趾，抬起頭，怯怯地問我：「那我們重新開始？」就這樣，我的怒氣煙消雲散。

另一天，我去學校接孩子的時候遲到了。我把車開進車道，看到他們在等我，我開始道歉：「我很抱歉，剛剛……」這兩個小小孩立刻回以：「我們接受你的抱歉。」他們真是擁有超齡智慧（現在仍然如此）。

重新開始？

「重新開始」以及「接受抱歉」這兩句話可以幫助我們澄清誤會、結束錯誤，並向前邁進。這些話擁有弦外之音，宛如暗號般表達了我們有意願停止目前正在做、沒有好處的事情，轉而採取有益的行動。

其他類似的模式干預語句有「重來一次」或「重新啟動」。你可以回想不順利的對話經驗或某個「冤枉」你的人。你們兩方都懷有怨恨，已經不再聯絡了嗎？

仔細思考你們的關係是否值得「重來」？有同事告訴我，他家的冰箱上真的有一顆紅色的「重啟」按鈕，只要每次家裡氣氛不太好，他們就會走過去按按鈕，透過這個動作提醒自己不要把情緒發洩到其他人身上。

彼此商量好一個暗號，能夠讓我們有意識地注意到自己的行為，這樣我們就能

- 「我們是同一國的。」
- 「物以類聚，人以群分。」
- 「你有六個，我有半打。」
- 「你說花生，我說土豆。」
- 「蘿蔔青菜各有所好。」
- 「這是雙輸局面，所以我們先跳過。」
- 「先講下一個主題。」
- 「我們休戰一下。」
- 「我們晚一點再回到這個話題。」

也別忘了「重新開始」、「重新來過」和「重新啟動」這三個暗號。

針對本章開頭那位忘記出席頒獎典禮的男子，他可以這樣說：「姐，我們能重來一次嗎？我真的很希望能夠回到過去，在你獲頒獎座時也在場分享你的喜悅。我知道這件事對你很重要，真的很抱歉我沒有陪在你身邊。我該如何彌補你呢？如果你需要一點空間思考，我也理解。我是真心感到抱歉，並希望我們能有一個新的開始。」

你是否曾和原本很親近的人，因故鬧得不愉快也分得不太好看？你可能還在心裡發誓絕不道歉，因為明明就是對方不對。愚蠢的驕傲是否多次阻止你向對方示好？你有想過主動聯絡，但最終實在吞不下那口氣而作罷？

請誠實地問問自己：在內心深處，你是否依然希望有天會和對方重修舊好？你也要想到，世事無常，難保哪天不會發生憾事，讓你再也沒有機會彌補。

英國作家塞繆爾．詹森說：「修復你的友誼。」本書的目的之一是讓我們停下來，仔細思考身邊的人際關係對自己來說有多重要，並且盡快承擔起修復它們的責任，而不是一直推託。不要空想你們的情誼會自動修復！不妨自問：「對我來說是面子重要，還是這段關係重要？」如果答案是後者，請你立刻聯繫對方：「我們不要追究之前發生過的不愉快以及原因了。我只是希望我們再次成為＿＿＿（姐妹／兄弟／朋友）。我們可以重新開始嗎？」

失聯算是一種記仇嗎？

有名女子在工作坊中問道：「如果有人突然不跟你互動，而你完全不知道為什麼，該怎麼辦？我不知道自己是哪裡得罪他，還是他單純不想再跟我往來，又或者有什麼其他原因。突然消失是一種記仇的方式嗎？」

在沒有任何回饋的情況下，人會傾向於自行填補空白。然而，正如之前所言，與其對自己講一個可能與實際情況天差地遠的腦補故事，不如直接去問對方。在我們了解對方版本的故事之前，最好先給予這些「失聯者」無罪假設。

我是根據自身經驗給予這項建議的。曾經有個單位邀請我在大型會議上演講，後來有好一陣子沒消沒息……我很少遇到這樣的狀況，打了很多通電話、持續寫電子郵件詢問後續，卻連一點回應都沒有。我這才開始感覺自己是不是「被失聯」，甚至腦補也許對方更換了講者，但又不知道該怎麼跟我解釋，才出此下策。

後來我收到新的窗口寄來的電子郵件，對於這中間的延宕表達歉意。她解釋說，之前的會議主辦人突然退出活動，也沒有進行交接，所以新的團隊花了一點時間整理和確認先前的進度。他們非常有禮貌，並對於發生這樣的意外感到很不好意思。我很高興自己當初沒有因為失去耐性而寄出無禮的信件，對方是無辜的，應該得到體諒，而不是被當成出氣筒。

那麼你又是如何呢？有人還沒回覆你最近的電話、訊息或電子郵件嗎？我想請你先假設對方是無辜的，畢竟你不知道他們發生了什麼事——可能真的忙不過來、出國度假、家裡有狀況，或者正在趕另一個專案。請（再次）聯繫並詢問對方是否有意願繼續，或是基於某些原因，這段關係已經終止，那麼你也會準備離開。總而言之，去了解詳情遠比胡亂猜測要好。

有名年輕人說：「我很高興你提到『失聯』這個議題，不知道自己哪裡做錯的感覺很糟糕。我在我哥的婚禮上認識一個對象，我們一拍即合，密集約會了好幾個月。他突然取消原本計畫好的周末海灘之旅，然後我就再也沒有收到他的消息了。他至少可以傳個訊息說『我沒興趣了』，而不是就這樣拍拍屁股走人。」

你以為大家都會很有禮貌地告知他們要離開一段關係嗎？其實，這麼做的人並沒有預期的多。交友軟體Hinge在二〇二〇年的一項調查發現，百分之九十一的用戶至少遇過一次對方搞失蹤的狀況。百分之四十的人表示，自己曾經對別人搞失蹤，因為他們「不知道怎麼解釋自己已經沒興趣了，而且覺得失聯這一招不會造成太大的傷害」。

如果有人「迴避」你一段時間了，可能該是你認清現實、繼續前進的時候了。他們的不願回應可能是在表達「我就是沒那麼喜歡你」。誰知道呢？也許對方喜歡你，這讓他們感到害怕，因為他們仍然困在一段糟糕的關係中，還沒有準備好進入另一段關係。關鍵是不要執著於此，越是讓對方在你心中占有一席之地，你就越容易感到痛苦，不如選擇在精神和心理上都繼續前進。

如果有人懷恨在心該怎麼辦的提示卡

同事剛剛獲得本該屬於你的升遷機會，因為你的資歷比他深。然而他積極遊說上司並獲得這個位置，你覺得自己受到背叛，無法原諒他。

該拋棄的話語	該使用的話語
懷恨在心 「他最好不要期待我之後還會跟他合作，不可能！」	放下恩怨 「我會和上司談談如何為下一次升遷做準備。」
沉浸於委屈感 「我不敢相信他在背後捅我一刀。」	重新開始 「我去問問他雙方要怎麼合作，才能為團隊帶來最大利益。」
拒絕原諒 「他會後悔這樣對我！」	選擇原諒 「他們一定認為他是這份工作的最佳人選。」
一蹶不振 「我每天都躺在床上後悔自己當初沒有這麼做……」	使用暗號 「迎接下次機會。耽溺於過去的事沒有幫助，我要接受事實，繼續向前。」

19

無視規則或界限？

沒有規範，就沒有自由。

——約翰．洛克（哲學家）

「我是管理委員會的成員。有名資深管委把協會當成私人領地在管，導致委員會成員一直變動，他也常引起爭端，每次會議最後都只能按照他的意思走，請問你有什麼建議嗎？」

我能感同身受，因為我也是過來人。我是社區的管理委員會成員，最初幾年，大家在這個小世界裡相處融洽。孩子們騎著腳踏車去朋友家玩很安全，我們也會在公園裡舉辦同樂會，鄰居們互相幫助，整體散發著美好友善的感覺。

後來在一次年度會議上，有一名屋主站起來，宣稱他已經收集了所有短期居民的代理選票，現在擁有「多數人同意」，因此自己是最新一任的委員會主席。我們其他人坐在原地目瞪口呆，甚至不知道他剛剛做的事情是否合法。

他大步走到房間前方，告訴現任主席現在會議由他主導，直接廢除了之前委員會批准的幾項措施。現場一片混亂，很多人心懷厭惡地離席。

從此社區每況愈下，這個人憑著一己之力造成住戶之間極大的不和，有不少鄰居從此不再往來。我也退出委員會，就像其他人一樣，因為新主席很明顯不願意改變自己的行事風格。

那麼，我和其他人對此做出什麼回應？我們依然盡最大努力，成為友善對待彼此的鄰居，並且持續在公園舉辦同樂會，但這個人還是對我們的社區產生了長期的負面影響。

這個「奪權事件」發生的原因之一，在於沒有適當的規則加以規範。在理想世界裡，大家都看重榮譽、有禮自制，但在現實世界中，情況可就不是這樣了，這也是為什麼建立和落實行為規範如此重要。

為什麼火人祭得以成功？

這裡的人透過合作，從無到有打造出整個活動。

——賴瑞．哈維（火人祭創辦人）

是什麼樣意想不到的社群模式，將大家的願景和共同價值觀變成每個人都同意遵循的行為規範？答案就是火人祭。

你可能聽說過這個活動，他們每年夏末會在內華達州沙漠形成一個「臨時小鎮」，吸引約八萬名來自世界各地的參加者。

這個聚會的特別之處在於，它主要是由志工創立和營運。為了確保參加者的行為符合活動願景，創辦人賴瑞．哈維制定了十項原則。他很清楚事先規範行為的重要性，制定規則並不是為了限制大家該如何行動，而是要反映社群的精神和文化。

一旦參加者同意遵守規則並準備好體現它們，每個人都能從中受益——這也是重點所在。當大家都同意遵守規則，就是締造雙贏。你可能聽說過火人祭上舉辦的「狂野派對」，但這只是活動的其中一個面向。當我們願意投入全部心力去盡情創造時，就會產生深刻的連結和開啟自己的眼界。

後面摘錄了賴瑞・哈維充滿遠見的十項原則，我還會分享一些自己二〇一八年在當地體驗活動的經歷。請思考如何調整並應用這些原則到你的團隊中。

1. **極致包容**。任何人都可以成為火人祭的一部分。我們歡迎也尊重新面孔，參與我們的社群不需要任何先決條件。愛因斯坦說過：「我對每個人都用一樣的方式說話，無論對方是清潔人員還是大學校長。」在火人祭，這並不只是理想，而是現實。大家不關心你在「現實世界」中是做什麼的，你的工作、地位、收入、背景、名譽或財富都不重要，你屬於這裡，得到歡迎，尊重以待。

2. **無私餽贈**。火人祭鼓勵大家無私餽贈，禮物的價值不在考量內，送禮並不求回報或交換同等價值的東西。每個人都準備好給出一些有意義的東西——無論是一首詩（這就是我準備的）、一枚手工製作的紀念章，還是一間可供借閱的二手書圖書館。這會讓人心生慷慨之感，讓你專注於給予、而非索取。

3. **去商品化**。為了保持餽贈的精神，我們的團隊致力於打造不接受商業贊助、交易或廣告影響的社交環境。啊，從置入行銷掙脫的喜悅！那些來自3C產品、電視廣告、平面廣告和無所不在的商品宣傳，終於可以暫時告別它們。一旦得以擺脫「越買越幸福」的明示和暗示，我們就能活得更像個人。

4. **自力更生**。火人祭鼓勵每個人去發現、鍛鍊和依靠自己的內在資源。這代表你得未雨綢繆，自行攜帶生存所需的一切。沒有先PLAN的人（請見第四章）且需要「被拯救」的人被稱為「發光小馬」，請不要成為「發光小馬」。

5. **展現自我**。自我展現來自於每個人的獨特天賦。這是我最喜歡的原則之一。你可以改裝一架波音七四七，把它拖到火人祭現場重新組裝，改造成一架迪斯可飛機，又或是穿著有趣的服裝、分享一首原創詩歌，或在中央帳篷裡嘗試特技瑜伽。

6. **社區精神**。我們的社群很重視創意合作與團體合作。幾乎每個人都會住在一個由志同道合者組成的「營地」裡，大家會一起煮飯、做家務、分享有遮蔽的起居室。這是世界上最棒的事情，因為你可以探索「沙漠盆地」、觀看原創裝置藝術、不停跳舞，並隨時在你想要或需要的時候回到營地。

7. **公民責任**。我們重視公民社會的概念。社群成員在參與活動時，仍必須承擔當地、州和聯邦法律規範的責任。巡邏員（其中許多人都是很資深的火人）會親切幫助遇到麻煩的人，並執行這些行為規範。

8. **不留痕跡**。我們尊重環境，無論在何處舉行聚會，都承諾不留下任何活動痕跡。我們會自行清理，並盡可能努力使這個地方比我們拜訪前更美好。火人是非常鄭重看待這一點的，這是世界上最大「不留痕跡」的活動。如果看到任何明顯不屬於原生地的物品（無論是塑膠瓶還是垃圾），大家都會撿起來帶走。

9. **積極參與**。社群中的每個人都會全心投入活動。每個人都可以盡情工作、盡情玩樂。我們透過卸下心防的行動讓這個理想世界成真。沒有小圈圈，也不會只有那些「很酷的人」獨占所有的樂趣。你可以在咖啡小棧當志工，結識來自數十個國家的人，或者與火人祭管弦樂團一起演奏，也可以在日出時分騎著自行車進入沙漠，心懷讚嘆地凝視晨曦落在十八公尺高的銀色愛侶雕像上。

10. **活在當下**。活在當下是我們社群文化中最重要的價值基石。火人祭的宗旨是「此時此地」，你知道自己幾天之後就會回到「現實世界」，因此你會非常清楚這種獨特的體驗值得細細品味，並深刻地烙印在腦海中。

這一切聽起來是不是美好到難以置信？事實上，並不是每個人都能從頭到尾遵守這十項原則。然而，正因為有夠多的人願意遵守，讓原本可能一團混亂的活動不至於落到這個地步。這些原則有效防止火人祭偏離軌道。

你什麼時候要跟團隊好好進行一次腦力激盪、制定出你們的規則，防止你們的會議或聚會偏離軌道呢？

主持會議的基本規則

如果想找出人類沒有、也永遠不會實現全部潛力的原因，那就是「會議」。

——戴夫・巴里（幽默家）

火人祭每年只舉行一次，如果那些我們需要參加的會議也是一年一次就好了。職涯顧問公司Zippia在二〇二二年發表的研究報告表示，「美國每周舉行約五千五百萬次會議，調查顯示，其中百分之七十一的會議被認為效率低落」。以下是一些幫助你開會時可以提高效率的基本規則，有助於有效利用大家的注意力與時間。

- **實踐時間方面的承諾**。企業家理查・布蘭森說過「時間就是新的貨幣」，時間也是新的「信任」。你應該曾在出席會議時，聽到主持人說：「因為與會者還沒到齊，我們再多等他們幾分鐘。」這話是什麼意思，為什麼要如此尊

那麼他們很可能也在違反其他人的規則，請思考你可以向哪位掌權者報告這件事。

或者，如果你加入了一個有毒且功能失調的團體，沒有規則（或者很多人違反規則，但沒有人採取任何行動）能幫助你保障自己的身心安全。我不是要你立刻放棄工作或人際關係，而是建議你先問自己第二十七章中的十個「我應該留下還是離開？」的問題，它們可以幫助你從各個角度思考，並做出明智的行動。

遇到無視規則的人的提示卡

你所住的公寓大樓裡有一間設有乒乓球桌的娛樂室。規則明確規定每次只能使用三十分鐘，但有一群青少年卻無視規則，經常霸占位置好幾個小時，你該怎麼做？

該拋棄的話語	該使用的話語
抱怨違反規則 「那些屁孩就只想到自己！」	**確認並執行規則** 「再兩分鐘就該換人打了。」
默默隱忍 「我放棄好了，已經等了一個小時，他們還是不肯讓出桌子。」	**要求對方負起責任** 「謝謝你交出拍子，接下來半個小時是我的使用時間。」
感到不安而且不發言 「真不敢相信那個屁孩竟然威脅我。」	**說出不安全感** 「我要去管理室反映這件事。」
忽視不安全感 「他只是在唬人而已，我不用想太多。」	**根據不安全感採取行動** 「我不信任這個年輕人……我現在先趕快離開這裡。」

PART 3

管理你的期待、情緒和心態

生命從恐懼結束的地方開始。

——奧修（靈性大師）

遇到這些情況，我可以怎麼說或怎麼做？

20

覺得被無視或不被認可？

任何靜待認可的人都天真到令人髮指。

——芭芭拉．喬丹（美國國會議員）

「我的工時很長，但感覺我的付出沒被公司看見，情況甚至因為我是遠距工作而越來越糟。我希望能獲得升遷，但主管們好像不知道我的存在，我該怎麼辦才好？」

我想很多人對這個問題頗有同感。二〇二二年新聞網站Study Finds的一篇報導指出：「百分之五十九的人表示，他們從未遇過『真正重視』自身努力的老闆。」

你是否也在等老闆注意到你並給予你應得的認可？那麼你可能要等很久。認為主管或老闆必須要主動看到你的付出並給予獎勵，實在是太過理想化，甚至可說是天真無知，而且這跟你的工作模式是實體辦公、遠距工作或混合模式都沒關係。

我曾訪問某間《財星》全球五百大大企業中的高階主管，詢問對於員工該如何展現自己以獲得更好的職涯發展，他們有什麼建議。其中一位告訴我：「我很認真地支援我的下屬，但有時他們自己不太懂得爭取。舉例來說，去年我們在巴黎設立新的辦公室，團隊中有名成員曾去法國當交換學生，能說一口流利的法文。我認為她會是很合適的人選，所以就向公司推薦她。

「但是我在甄選會議上提到她的名字時，沒有人知道她是誰。與會的另一名主管突然恍然大悟：『哦，我知道你在說誰了。她之前參加過我主持的會議，但都沒有發言。』她最後沒有得到那份工作，並不是因為她條件不夠好，而是因為高階主管不清楚她的價值在哪裡，自然也不願意冒險任用一名不確定能否交出好成績的人員。」

我問：「你有跟她談過這件事嗎？」

「有。我跟她解釋甄選會議發生的事情，並詢問她之前為什麼不在會議上發言。她說：『我有試著發表意見，但是大家都搶著發言，我插不上話。後來我好不容易提出了建議，但是其他人沒什麼反應，幾分鐘之後有另一個人講出一樣的話，大家卻同意他說得很對……我覺得很挫折，所以就算了。』」

這位高階主管繼續說：「我告訴她：『你難道沒有意識到，如果你沒有在會議中投入，大家就會認為你沒有任何貢獻嗎？如果你不給別人機會看到你展現出領導能力，他們就無法在有升遷機會時推薦你。』」

這位高階主管提供了非常寶貴的建議，我也不遺餘力地教導學員，點子被人拿走該怎麼做，以及如何勇於在會議上發言，好讓決策者見識他們的領導能力。

對每個知道你名字的人負責

在領導力工作坊中，我們會討論讓自己更加積極主動的各種方法，而不是被動地等別人注意到我們的工作成績。開會時，如果有人打斷你，請不要退縮。請說出對方的名字，並捍衛自己的立場：「賴瑞，請讓我說完。」如果有人想偷走你的想法，請拿回發言權，告訴對方：「賴瑞，很高興知道你覺得我的想法很重要。就像前面說到的（然後分享你認為該如何實行）……」

在每次會議中，最好要提到你和團隊取得的正面成果。我不是要你自吹自擂，要知道大家都只會專注於跟自己有關的部分，如果你不主動讓別人注意到你的貢獻，那麼他們就會理所當然地忽視。你可以說：「我想報告我們部門（業績超過本季KPI、提前完成專案等等）……」

工作坊中的另一大重點，就是我們該有意識地建立職場中的個人品牌，讓別人可以很快想到我們的專長項目。我會詢問學員：「決策者知道你是誰嗎？提到你，他們會想到什麼？是否會說出『某某事情交給○○一定沒問題』這樣的讚賞？或許你覺得不公平，但說實話，你的聲譽和個人品牌決定了你所能擁有（或缺乏）的職涯成就。」

換句話說，決策者如果不知道或不喜歡你這個人，那麼你就有了出乎意外的品牌——這代表你會遇到職涯天花板。每次聽到你的名字，大家的第一反應很可能是「他是誰？」、「她是那個常遲到的人」、「他好像不太能承擔任務」、「她都只做自己的事」等負面印象。

有意識地打造個人品牌，代表你很清楚自己想要給別人什麼印象，並確保自己的職業操守、交際能力和業績都能被看見。也就是說，同事、客戶和高階主管聽到你的名字，他們會說「我喜歡和他一起工作」、「她每次都交出超乎預期的成績單」或是「他都很用心在帶新人」等。

因此，請思考一下你想要帶領的專案或想要獲得的獎項，誰是決策者？他們夠了解你並且喜歡你、願意支持你嗎？

為你的品牌挑選一個關鍵字

我們是「自己」這家公司的執行長。為了拓展業務，我們最重要的工作是擔任稱為「你」這個品牌的行銷長。

——湯姆·彼得斯（領導力專家）

有另一名工作坊學員說：「嗯，我的部門裡沒有人知道我是誰。我們真的就是幾十個人待在小隔間裡，做著幾乎一樣的事情。我要怎麼樣才能引起別人的注意？」

我分享了自己在與網球冠軍羅德·拉沃合作時發現個人品牌的故事。當年有一場意外的暴風雪，讓我們得要取消羅德和三位網球好手的表演賽。我們為這次活動打了很多廣告，有非常多球迷購票，但眼前除了宣布活動取消之外別無他法。

我們召開了一次緊急會議，羅德在會議開始時說：「莎曼，你是我們的智多星，一定能夠解決問題。這次我們該如何運用你的這項專長呢？」

哇！他的一番話對我來說意義重大。幾天後，我詢問為什麼會對我有這樣的印象，他笑了：「你幾乎在每次會議上都會這麼說，有狀況出現時，你會說：『讓我們發揮聰明機智來解決這個問題吧。』」

所以，我的品牌關鍵字就是「機智」。感謝爸媽培養我「停止抱怨，開始行動」的心態，積極主動、承擔起解決問題以及完成任務的責任。如果這就是我在業內的名聲，我很樂於接受。

那麼你呢？想想你希望被選上那個位置，無論是扶輪社主席還是工會理事皆然。

- 決策者知道你是誰嗎？他們會把你和哪個關鍵字連結在一起？
- 這個關鍵字和個人品牌是否有助於你達成目標，還是造成阻礙？
- 如果你的名字出現在重要會議中，這些決策者會說什麼？希望會是「這件事交給〇〇一定可以的」。
- 你希望以哪種特定技能、個性或領導特質而聞名？請寫下你想打造的品牌內容，並貼在你經常會看到的地方，讓它停留在你的視線和腦海中。
- 你要怎麼實踐品牌內容，並在對話中播下種子，好讓大家把關鍵字與你連結在一起？

請記住，決策者不會讀心術，所以如果你想獲得機會，那麼每一次被他們看到和聽到都是為自己爭取加分的大好時機。這樣下次他們做決定的時候，你的名字就會出現在候選名單，並且獲得許多人的支持。

六種在會議上做出貢獻的方法

> 建立個人品牌很重要，因為這是你唯一擁有的東西……可說是決勝點。你必須在特定圈子裡端出一定的水準。
>
> ——蓋瑞・范納洽（作家兼Podcaster）

如果你是遠距工作，那麼「會議」就更為重要，因為那通常是決策者除了電子郵件和通話之外，判斷是否喜歡、尊重和信任你的唯一方式。以下是向共事者展現你所帶來的價值的六種方法。

1. **在每次會議上至少提出一項以行動為主的建議**。注意，我說的不是意見，而是行動。不要只是單純分享你的想法或感受，而是提供有關如何推進專案的具體步驟，或是將想法變為現實、在期限之前達成公司目標的具體方法。

2. **尋找解決方案，而非錯誤**。讓自己成為能夠屢屢把對話主題，從「找尋原因」轉變為「獲得結果」。以建立個人名聲來說，被稱為「問題解決者」遠比「問題報告者」更有優勢。

3. **慷慨接受讚美，而非拒絕讚美**。如果有人稱讚你，不要說「沒什麼」，而要說「謝謝，你的回饋對我來說意義重大」。接下來請說明細節，例如：「我們的目標是讓營收增加百分之三十，因此找出三位潛在的大客戶並與他們聯繫，很高興最後和他們談成生意。」然後談談你的下一個目標，或者即將採取的行動，好讓對方了解你會如何繼續帶來更多價值。

4. **意見要控制在兩分鐘或更短的時間之內**。請成為以言簡意賅聞名的人，藉由開門見山地切中要點，大家就會很樂於聆聽你的意見，因為他們相信你不會隨意浪費他們的時間。

5. **如果有人打斷你，請大聲說出來，不要退縮**。看著對方的眼睛，說出他們的名字，然後說「佐拉，歡迎你在我結束報告後提出意見」，或者「艾爾，我再講一個建議就會輪到你了」，然後結束你的發言。這並不是無禮的表現，你只是行使應有的權利，讓自己的聲音被聽見。

6. **抬頭挺胸**。如果你的姿勢總是顯得無精打采，大家會懷疑你的影響力。彎腰駝背給人軟弱的印象，而抬頭挺胸則會讓你散發出自信的領袖氣質。提高音

覺得自己在日常生活中被忽視，怎麼辦？

你並非被忽視，只是沒有獲得讚揚。

——網路文章

有心理師建議我，書中一定要提到那些在日常生活中感到被忽視的人。「在執業經歷中，我看到很多人因為手足有特殊需求或生病而覺得自己被忽視。有些人向我坦承：『我知道這樣的想法不健康，但有時候我真希望自己當時有出什麼問題，這樣就能獲得家裡的一些關注。』」

如果你本身或有認識的人覺得自己是「家裡被忽視的孩子」，我希望你能安慰並接納自己，同時尋求協助。不管你求助的對象是親人或是專業人士，對方都會尊重你的價值，幫助你知道自己的付出很重要、你的存在很重要，以及這個世界確實需要你。

覺得不受重視時該怎麼辦的提示卡

公司的管理階層中有好幾名主管是同一所大學的校友，他們還會一起私下約打球，形成一個小團體。你在公司從沒惹過麻煩，但也因此有點被忽視，再加上你都在家工作，所以這些高階主管無從了解你的貢獻。

該拋棄的話語	該使用的話語
獲得意外的個人品牌 「我在店裡遇到高階主管，他就這樣直接從我旁邊走過。」	**有意塑造個人品牌** 「喬，你好，我們在同一家公司工作。我負責 AT&T 客戶。」
任由他人打斷 「這是華特第三次打斷我的發言。」	**積極貢獻** 「華特，我還有一個建議，講完就會輪到你。」
沒有人知道你是誰 「我是羅貝塔，不是麗貝卡。」	**大家都知道你的名字** 「我是羅貝塔，在這裡想分享一些有關我們 AT&T 客戶的好消息。」
被忽視 「嗯，又是一個大家都忽略我的會議。」	**為他人「擴音」** 「奈爾，你主動聯繫其他公共事業單位的想法很棒，而且……」

21 覺得不敢發言？

擔心就像撐著傘等待下雨天。

——威茲・哈利法（饒舌歌手）

「主管本來承諾我會擔任某個專案的負責人，結果卻跳票！我很想和他談談這件事，但是擔心他會認為我很難搞，我也不想得罪他。」

擔憂確實容易為個人發展帶來負面影響。正如幽默作家爾瑪・邦貝克所言：「憂慮就像一把搖椅，它讓你有事可做，但不會讓你有任何進展。」

我會教你如何以「希望」取代「擔憂」。你能學習評估自己心裡想像的故事到底是提供了幫助還是阻礙，並了解如何使用你的「心靈時間」講述一個更積極、更有生產力的故事。

這裡我要分享一個改變思考心態的案例。吉姆・快克被認為是世界上最傑出的記憶專家之一，不僅受邀為《財星》全球五百大企業演講，甚至曾和《X戰警》團隊合作以「升級他們的大腦」。然而，吉姆並不是一開始就是記憶專家，年輕時甚至被稱為「腦子壞掉的男孩」。

吉姆在大學期間發現自己幾乎無法集中注意力，考試每每令他畏懼和深感挫折，差一點就要輟學，他因此決定「學習如何學習」。經過大量練習，他的記憶力和速讀能力變得非常出色，同學們都紛紛來請他分享這套方法，完全出乎吉姆的意料。他後來決定提供免費教學，這樣就可以一次幫助很多人。上課當天，他滿懷恐懼地走到會場——萬一只有一、兩個人出現怎麼辦？這樣會很丟臉。

他抵達學校大樓、擠過人群，好奇今天這裡怎麼人這麼多。他到了教室門口，結果發現大家都是來參加他的工作坊！後面的故事你可能已經知道了，吉姆的YouTube頻道擁有數百萬的瀏覽數，他的《紐約時報》暢銷書《腦力全開》得到了威爾・史密斯和知名精神科醫師丹尼爾・亞蒙的認可。我曾經詢問吉姆達到「腦力全開」的祕訣，他說：「在與人共事多年的過程中，我發現大多數人都會縮小自己的夢想以適應當前的現實。」

不敢發言就是在限制和縮小我們的夢想，以適應當前現實。如果你想要新的現實，請嘗試以下步驟大聲說出口……即使你心裡很害怕也一樣。

起身前行並發聲的六個步驟

不管是混亂、複雜、害怕，都要起身前行。
——格倫儂・道爾（作家、思想領袖）

1. **思考：**你的故事是什麼？你說給自己聽的故事是標籤的同義詞。你說自己害羞、性格內向？有其他人為你貼上你也相信的標籤嗎？有位名叫帕姆的女子告訴我：「我因為懷孕而從大學輟學，爸爸很氣我，說我毀了自己的未來，只要我是全職媽媽，就永遠不會有任何成就。我在接下來的十年都信了，後來我要找工作時，因為恥於自己沒有大學學歷，只敢申請基層職位，我不認為自己是『管理人才』。」

2. **確定你的故事對你有利還是有害。**這個標籤對你有什麼影響？你是否有自我肯定的標籤，讓你有勇氣去追求想要的事物？還是只有自我挫敗的標籤，阻礙你申請理想的工作、嘗試新事物、拓展人脈？請仔細想一想，你對自己說的故事很可能跟你的真實技能、天賦和貢獻潛力無關，單純是大腦編出來的假象。

3.**對自己講一個潛力全開的故事**。如果你選擇讓生活更有「吉姆．快克」風格，會發生什麼事？如果你選擇移除限制性思考，改為選擇確立自己想要什麼並為之奮鬥，你可能會有什麼樣的經歷？

4.**讓過去留在過去**。允許自己接受嶄新可能性的關鍵，就是不要讓那個充滿限制性信念的故事再次出現。請對自己說「我曾經＿＿＿＿＿＿，現在我＿＿＿＿＿＿。」帕姆的故事後續發展是這樣的：「過去十年間，我總是讓爸爸說的話貶損自己。現在，我用教養一對雙胞胎、擔任學校家長會主席，以及在校園反霸凌計畫募集到五萬美元的經驗來證明我的管理能力。」

5.**不要退縮，請主動出擊**。帕姆也說：「我以前遇到擁有博士學位或MBA學位的人，都會自動認為他們一定比我更聰明、更重要。我常常會退縮、不敢發言，但現在我會主動徵求他們的意見。我了解到所有人都可以做出貢獻，而不是劃分階層，並認為有些人比我更優秀。」

6.**創造自己的一片天**。你很可能讀過作家瑪麗安娜．威廉森的名言：「你的保守行事並不能協助世界……當我們讓自己閃耀動人時，會潛意識地允許其他人也這樣做。」你有這樣想過嗎？保守的行為不僅讓你無法分享自身天賦，而且還開啟了危險的先例，可能會阻止其他人分享他們的天賦。請選擇大方表現，這樣其他人可能會被你啟發，也願意選擇為自己想要的東西挺身而出。

問問自己，我想要什麼？

> 獲得你所期盼事物的最大訣竅，就是知道自己想要什麼，並相信自己可以擁有它。
>
> ——諾曼．文生．皮爾（作家）

你知道自己想要什麼嗎？能用一句話說出來嗎？能夠相信自己可以擁有嗎？或者你任由恐懼說服自己退縮？

我在開車或運動時最常聽里奇．羅爾的Podcast，里奇曾任律師，後來成為鐵人三項運動員，他會邀請各領域的最佳實踐者來上Podcast，我每次聽他的節目都會學到新東西。

最受歡迎的來賓之一是《逆思維》的作者亞當．格蘭特。亞當在節目中說道：「我們會嘲笑那些還在使用Windows 95的人，自己卻緊抓著在一九九五年成形的觀點不放。」哇，有沒有感覺自己中箭了？他繼續說：「傳統上，智力被視為思考和學習的能力。然而，在動盪的世界中，還有另一組認知技能可能更重要，那就是『重新思考』和『忘卻所學』的能力。畢竟學習的目的不是為了固著我們的信念，而是為了加以發展。」

感謝里奇和亞當的精彩訪談，他們說得沒錯。為了停止恐懼，我們需要重新思考故事並忘記那些減損效率的方法。

我的學員伯蒂絲就是一個好例子。她告訴我：「我這一輩子都很怕我哥，他比我大五歲，從小就很殘忍地欺負我。他很狡猾，有爸媽在的時候都裝乖，所以我爸媽不知道事情有多嚴重。他還威脅我如果敢告狀，就會讓我『付出代價』，所以我沒有說，這些年來我一直活在對他的恐懼之中。

「有位非常優秀的心理師幫助我了解到，我現在已經是個成年人了，必須重新思考我們的關係。哥哥陷入財務困境，一直纏著我要借錢，還會情緒勒索我——不幫他我就是個壞人。」

心理師問了伯蒂絲一個簡單的問題：「你想借錢給他嗎？」她意識到答案當然是否定的，但她仍在考慮這樣做，因為這樣哥哥就不會來煩她。心理師接著問：「既然你不願意，為什麼還要考慮給他錢呢？」

伯蒂絲告訴心理師，那是因為哥哥永遠不會放棄。心理治療師接著說了一句話，讓她明白屈服會打開潘朵拉的盒子：「永遠不要做你根本不想做的事情。」伯蒂絲意識到屈服會開創危險的先例，這樣他就會回來要更多東西，因為她以前都會答應。

我問伯蒂絲：「那你做了什麼？」

「我告訴他我絕對不會借他錢，這就是我的最終答案。他大吼大叫、挑釁，想讓我感到內疚，但我說：『這次的談話結束了。』」

我問：「那你現在感覺如何？」

「我很希望我好幾年前就這麼做。」

你呢？現在是你克服恐懼、重新思考故事，以不同的方式做事的時候了。愛爾蘭劇作家蕭伯納說：「不改變就不可能進步，而那些無法改變主意的人無法改變任何事情。」當我們改變想法時就改變了我們的生活。你對自己貼的標籤是什麼？在一段關係中，你是否因為別人曾經貶低你就一直小心翼翼地說話，並不斷給予對方想要的東西？在什麼情況下，你會因為沒有信心而不敢發聲？美國內衣品牌Spanx創辦人莎拉．布雷克利（Sara Blakely）說：「對我而言，失敗就是沒有嘗試，而不是沒有成功。」

下一章，我們會討論如何在四個高風險情境（社交、面試、演講和談判）中培養自信的說話技巧，好讓你有能力要求你想要的東西。你若是擁有清晰的思路、信念和技巧，就等於擁有三重優勢，足以在競爭中脫穎而出。

不敢發聲時該怎麼辦的提示卡

有人鼓勵你出來競選市議員，但也有一位親戚勸你打消主意，因為你不可能打敗現任議員，只會白白浪費時間和金錢。你的確擔心自己要冒很大的風險，但同時也相信必須站出來為你所關心的議題發聲。

該拋棄的話語	該使用的話語
感到擔心害怕 「如果我的得票率墊底怎麼辦？這很丟臉。」	**無論如何都要行動** 「不嘗試就不會知道，這對我來說很重要。」
告訴自己充滿限制的故事 「他是對的，我沒有任何政治經驗。」	**告訴自己無所設限的故事** 「獲得經驗的方法就是開始行動，並尋找導師協助。」
緊抓著舊故事不放 「我不想失敗。」	**採納新故事，迎接新生活** 「不嘗試才會讓我失敗。」
回歸原狀、退縮、沉默 「在擁有更亮眼的資歷之前，我會先放棄。」	**尋求他人協助** 「我要去詢問即將卸任的議長是否願意協助我。」
自我設限 「我憑什麼競選公職？我以為自己是誰。」	**創造一片天** 「我希望為在意的群體服務，這也代表我需要承擔一些風險。」

22

對於出現的機會感到緊張？

如果發現自己不緊張我就會覺得緊張。如果我緊張，就知道我這次的表演會非常精彩。

——碧昂絲

「我是一名工程師。給我一張藍圖，我如魚得水，但是要我站在一群人面前，我就會口乾舌燥。請問有什麼克服緊張的建議嗎？」

讓我們先重新檢視你對緊張的看法。碧昂絲並不是唯一樂見緊張的人，許多頂尖運動員都知道，不緊張才是他們需要擔心的時候，因為這代表他們沒有發揮最佳表現所需的動力。

事實上，奧斯卡得獎電影《收播新聞》中有個著名場景：有次發生重大事件但常駐主播無法上場報導，一名想成為電視主播的角色獲得絕佳機會可以代打。製作人問他：「緊張嗎？」他用一種「你在說什麼傻話」的神情回覆：「不，我很興奮。」

然而，你該如何把緊張的能量轉化為興奮，進而達到最佳表現？我認為「不知道」是人之所以焦慮的最佳注解，如果你不知道該說什麼，就會焦慮。但要是你其實知道該說什麼呢？特別是如果你知道在社交、面試、演講或協商的前兩分鐘該說什麼，就可以泰然自若地做好準備，完美出擊。我針對每種情況的前兩分鐘應該說什麼，個別精心挑選了最喜歡的最佳方法，這樣你就可以真誠地交談並贏得對方的關注和尊重。

在介紹「前兩分鐘應該說什麼」之前，我想先分享一個關於在緊張時採取行動的故事。收到本章開頭這位工程師的疑問，我便向擔任航太工程師的兒子湯姆徵詢建議，他告訴我這個很棒的故事。

幾年前，他決定嘗試跳傘，於是報名參加培訓班。上課當天他和其他學員坐在停機坪上等待飛機來接他們，這時一名女子突然決定搜尋「跳傘事故」的新聞，並且跟大家說：「你們知道嗎，去年發生了十起死亡跳傘事故，每十萬次跳傘就會有○·二八次死亡事故。」

她的分享讓這群原本「準備好出發」的人變成了一群緊張的傻瓜，大家都在想：「為什麼我要做這種危害自己生命安全的蠢事?!」許多人紛紛退出。但湯姆不改工程師本色，他評估出事的機率其實很低，所以願意把握機會一試。

後來在機艙門口又發生了類似的情況。理智上知道自己要跳出飛機是一回事，但真正跳進看似無邊無際的高空又是另一回事。湯姆已經計算過可能性，並做出理性的決定，不需要舉棋不定，於是他安心地跳了出去。

這就是我希望你要做的事情。我特意在這本書中加入大量統計數據，所有研究都指出一件事：提高你的人際互動能力是你所能做出最好的選擇，能大大改善你的職場、友情、伴侶和親子關係，並提高工作能力，為自己和所看重的事情辯護。

那麼，請計算一下機率。如果你將來有社交、面試、演講或協商的機會，請立即採用這些最佳方法，而不是任由懷疑和恐懼阻礙你。

在社交場合的前兩分鐘該說什麼

> 我總是在社交場合拿著杯子，它讓我感到自在和安全，而且不需要跟人握手。
>
> ——拉里．大衛（喜劇演員）

在社交場合難以保持自在的最大原因之一，就是我們不知道如何自我介紹。有個常見的建議是我們要準備一套完美的「電梯簡報」[3]，但誰喜歡聽簡報？我要告訴你的自我介紹方法可以把尷尬的對話變成彼此真誠的交流。從此以後，每當有人問「你是做什麼的」，永遠不要再只是單方面地把資訊丟給對方，這麼做只會讓人覺得無聊又想打瞌睡。

幾年前，我和兒子們一起巡迴演講，其中一天晚上可以自由活動，所以我們詢問飯店櫃檯服務人員有沒有什麼建議。他看了湯姆和安德魯一眼，說：「你們一定要去D&B's。」

我們不知道他在說什麼。「那是什麼？」

他或許本能地知道直接解釋效果不佳，於是先詢問：「你們以前去過『查克起司』[4]嗎？」

湯姆和安德魯熱情地點頭。他繼續說：「D&B's就像大人版的查克起司。」太厲害了，他只花十秒鐘就讓我們知道D&B's是什麼，而且還成功推坑。為什麼這個方式效果這麼好？他將單向的電梯簡報（也就是獨白）轉變為雙向的電梯交流（也就是對話）。你可以依照後面描述的方法加以應用。

我有次受邀在愛爾蘭都柏林的青年領袖活動上演講，一名科技主管在會議開始前來找我討論：「我是內向的人，雖然經常參加這樣的會議，但大部分時間都躲在飯店房間裡，因為要跟別人閒聊讓我很不自在。加上我的工作很複雜，無法用大家能夠理解的方式解釋，所以我都會避開各種自由交流的時段。」

於是我們集思廣益，討論他該怎麼透過能引發有意義的對話和產生連結的方式介紹自己。「你工作的最終成果是什麼，我們可以看到、聞到、嘗到和觸摸到什麼？」我問。

他提供了有關信用卡、線上購物和財務軟體的技術性回答。我的腦袋靈光一現：「你們開發的軟體可以讓我們安全地線上購物嗎？」

他雙眼發光：「對！這就是我在做的事情。」

「這樣很棒……但請不要這樣直接告訴別人。」

他困惑地看著我。

「如果你直接說『我開發了一套讓你可以安全網購的軟體』，他們回一聲『是

---

3 針對產品、服務、個人、團體、組織或是專案的簡短介紹，大約三十到六十秒，常應用於募資、行銷溝通、公關計畫等。

4 Chuck E. Cheese，美國知名連鎖家庭餐廳，內有許多遊樂器材供消費者使用。

喔』，這樣對話就結束了。你的目標不是結束對話，而是建立一段對話。」

「那我該怎麼辦呢？」

「問對方：『你和朋友或家人在網路上買過東西嗎？』他們一定會回答『有』，現在你已經確定他們經歷過你詢問的事情，或至少有認識的人做過。接著，把你的工作內容與他們剛才說的話連結起來：『我們公司開發了一款可以讓線上購物變安全的軟體。』

「他們可能會眼睛發光、挑起眉毛，兩者都是有興趣的信號，對方現在和你產生關連，也就表示擁有可以對話的材料，就更有可能想要繼續交談。以上發展在六十秒內就能達成，因為你與他們互動並且有了連結。」

被問到「你是做什麼的」，你的回答是否會引起對方皺眉（這是代表困惑的信號），若是如此，你就關閉了一扇潛在的友誼之門，並讓你自己、組織和事業失去一次機會。

不妨跟團隊進行一次腦力激盪會議，精心設計你們可以廣泛使用的介紹，讓聽者也可以參與，達到雙贏。如果你善於自我介紹，就會有信心隨時隨地去見任何人，因為你知道自己有能力把陌生人變成朋友。

在面試的前兩分鐘該說什麼

你永遠沒有第二次機會讓人留下最終印象。

——莎曼・霍恩

你是否正在準備參加一場重要的面試——無論是求職、簽約或爭取新客戶？那麼不妨遵照伊隆・馬斯克的建議吧。多年前，我發現馬斯克計畫在我家附近的國家新聞俱樂部發表演講，於是打了通電話問我兒子湯姆：「如果我有機會問伊隆・馬斯克一個問題，你覺得我應該問什麼？」

他說：「我的職位滿穩定的，但有些其他位置的朋友被資遣了，有人想要去SpaceX應徵。可以問問馬斯克，該怎麼在面試中取得佳績。」

我確實問了這個問題，馬斯克給了精彩的回應。他說：「不要告訴我你擔任過的職務，而是告訴我你解決了哪些問題。」

這就是你贏得決策者尊重的方式，而非透過列出與其他人相似的資歷清單，取而代之，你可以說：「我瀏覽過你們的網站、公司使命和工作說明。我可以提供一些實際的經歷，說明我在哪些方面解決了可能與貴公司相關的問題。」

在演講的前兩分鐘要說什麼

我讀過一篇文章，談到上台演講公認是最讓人害怕的事——第二名才是死亡！這代表對一般人來說，如果你必須參加葬禮，你寧願躺在棺材裡，也不願致悼詞。

——傑瑞．史菲德（喜劇演員）

你對於在公共場合演講感到自在嗎？還是你非常同意傑瑞的話？你想在演講時，透過有趣的前兩分鐘開場讓大家耳目一新，進而增強自己的信心和優勢嗎？

我有幸擔任「跳板企業」的簡報教練，這間公司已幫助眾多女性創業家為自己的事業募集超過兩百六十億美元的資金。在一場跳板企業主辦的研討會上，新創公司PharmaJet的創辦人凱瑟琳．卡倫德告訴我：「我有一個好消息，也有一個壞消息。」

「什麼好消息？」

「我有機會在紐約市向一大群重要的投資人提案。」

「這真的是好消息吔，那壞消息呢？」

「我只有十分鐘的時間，十分鐘真的說不了什麼！」

我告訴她：「事實上，凱瑟琳，你沒有十分鐘的時間。這群投資人那天會聽到十幾場的簡報，你只有六十秒的時間來證明你值得獲得更多資金。」

於是我們精心設計了六十秒的開場白，順利幫助凱瑟琳贏得更多投資，並被《商業周刊》選為該年度最有前途的社會企業家之一：

你知道每年有十八億人接種疫苗嗎？

你知道其中多達三分之一是用重複使用的針頭注射嗎？

你知道我們正在傳播我們試圖預防的疾病嗎？

請想像一下，如果能有無痛的拋棄式針頭，成本甚至只占當前產品的一小部分，該有多好。

你其實不必想像，因為我們已經創造了這樣的產品。

你揚起眉毛了嗎？想知道更多嗎？這代表凱瑟琳剛剛把她的商業想法放進了你的腦袋裡。在設計出這個開場之前，凱瑟琳原本的說明是「PharmaJet是一種用於皮下接種的醫療設備」。

一個什麼?!這會讓聽者很困惑，而困惑的人不會對你的提案點頭說「好」。如

23

覺得憤怒？

憤怒（anger）與危險（danger）僅差一個字母。

——智慧格言

「我免費讓朋友借住我的湖邊小屋，但是我不敢相信他留下一堆爛攤子！他懶得打掃就算了，還弄壞了我的料理機，甚至沒有告訴我這件事。我很生氣，不確定自己還會不會再和他說話。」

我很遺憾聽到你的朋友毀了你的小屋，問題是，接下來你打算做什麼？忍住怒火再被燒第二次？正如佛陀所聲稱的那樣：「滿懷憤怒就像抓住一塊燒紅的煤炭，並打算把它扔到別人身上——但被燒傷的會是你。」

遇到有人利用我們的善良、濫用我們的慷慨時，重要的是要解決它，而不是默默默地讓怒氣醞釀和沸騰。憤怒是權利受到侵害時的自然反應，是我們原始的警告系統，讓我們知道有人越界了。

問題在於，我們受到的教導多是要理智地隔絕憤怒，因為這是一種無益的情緒。然而，我在人生經歷中逐漸明白，有時候生氣是適當、甚至是重要的反應。有時候，如果我們不作聲，其實會產生更多悲傷。

建設性的生氣是恰當（甚至很重要）的

> 別人如何對待你是他們的業力，如何回應則是你的業力。
>
> ——偉恩．戴爾（心理勵志作家）

現在是時候以憤怒為動力來發展我們的信念，並了解如果有人傷害我們的身心健康，我們有權利、也有責任建設性地說出口。我們該停止為反映內心真實感受的憤怒而道歉，並開始好好表達這股情緒。

我指的並不是遇到任何不如意就發脾氣。電影《螢光幕後》中有一幕是一名主播崩潰大喊：「我氣到不行，再也受不了了！」但實際上，大吼大叫並不能解決任何問題，這種一時的爆發可能會讓人暫時感覺好一些，但對事情整體來說沒有幫助，因為這是「反應型憤怒」。反應型憤怒是指單純宣洩被壓抑的怒氣，既不考慮後果，也不願去改善狀況。「責任型憤怒」則是在考慮後果後表達我們的情緒，並以積極主動的方式傳達，進而改善情況。

宣洩憤怒通常意味著當下大發雷霆，並且不假思索地說出任何想到的話，而我建議你在生氣時依循ＡＮＧＥＲ法則，先思考再說話，它的運作原理如下：

A—Assess評估發生了什麼事。問問自己「我為什麼不高興」，找出確切的原因，了解是什麼事情讓自己有這種感覺。是因為有人背叛了你，或違背了重要承諾嗎？還是對方說了很刻薄的話？回到我們在第八章中討論的「頭腦、內心、核心」方法，並盡可能客觀地陳述事實。

N—Nix停止極端用語。如前所述，極端言語會產生極端情緒。「全有全無」類型的話語會讓憤怒加劇，比方說「你每次都在最後一刻取消約會」，對方就會努力找出可以反駁你論點的例外情況。

G—Give舉出一個具體範例。你越是精確，成效就越好。不要說「你只想到自己，都沒在考慮別人」，而是點出你認為不恰當的特定行為：「你今天沒有問我需不需要用車，就把車開出去了，造成我的不方便。」

E——Express表達你期望的行為，而非批評令人厭煩的行為。抱怨他們的所作所為並不能挽回局面，清楚表達自己想要什麼反而更有效。你可以說：「從現在開始，如果你需要用車，請先跟我確認，這樣我們可以協調交通方式。」這個步驟可以幫助你避開那些爭論你有多不方便、對方有多不體貼的徒勞之舉。

R——Review回顧以確保彼此都有抓到重點。撂下最後警告（像是「這種情況最好不要再發生了」）只會造成更多衝突，因為那是一場控制權之爭。請對方說明他們往後要採取什麼樣的解決方案，做出口頭承諾。

遇到有傷害他人習慣的人，你的「打不還手、罵不還口」只會變成默許他們繼續這樣對待你。如果有人侵犯了你的信任或踐踏了你的界限，請依循ANGER法則好好表達你的憤怒，這是能幫助他人尊重你的權利的重要工具。

在教導學員如何主動表達憤怒的多年經驗中，我發現絕大多數人通常不會「大發雷霆」，而是透過以下方式處理憤怒：

- 否認。（「我沒有生氣！」）
- 假裝事情不存在。（「我沒有很困擾。」）
- 找理由。（「他沒有惡意。」）

- 駁回它。（「沒有理由感到不高興。」）
- 沉浸其中。（「我無法停止思考她所做的事情。」）
- 忽略。（「他們只是今天過得不順遂。」）
- 暴吃一頓。（「我想我會吃一些冰淇淋。」）
- 借酒消愁。（「給我雙份的酒。」）

結果，憤怒在他們心中聚積，最終控制他們的思想、削弱他們的力量、破壞他們內心的平靜。正如德裔美籍神學家田立克所言：「憤怒過度延展之後，即是無聊。」

希望ANGER法則能幫助大家勇於表達憤怒的情緒，這樣就不會再遭受別人的不當對待，慢慢恢復生命力。

對於這套方法，有名房產經紀人反駁道：「莎曼，這個方法雖然看起來很有道理，但情緒不是主觀的嗎？被人亂罵，我要怎麼理性思考？像是上禮拜，我的一名出租房客在電話裡對我發飆，原因是租屋處的火警警報器半夜響了，把她的家人嚇得半死。消防隊趕到後發現是被蟲子誤觸導致的。她對我大吼大叫，我用盡意志力才有辦法不還口。」

「很高興你提出這件事。是的，大吼大叫是處理憤怒的合理方法。然而，憤怒

地反擊並沒有什麼好處。我們的目標是成熟地處理情緒，將那些誘人的破壞性反應轉變為圓滑的建設性反應。」

雖然我們可能無法控制在腦中出現的想法，但我們可以控制想法停留多久，選擇將激動的情緒轉化為明智的情緒。我們可以選擇用有格調的方式，並且很高興自己能夠沉著冷靜地做出專業的回應。

我們無法改變事情是如何發生的，但如果選擇以ANGER做出回應，就能改變結局。

如果別人生氣該怎麼介入

飛進憤怒風暴的人總會狼狽地降落。

——威爾．羅傑斯

幾年前我有機會前往檀香山警察局授課，課程中我們討論了遇到衝突場面的應對技巧。請想像發生了一場車禍，雖然沒有人受傷，但兩輛車都有損傷，兩名駕駛在路邊越來越激動。

1. **將雙方分開，避免近距離面對面。**你可以說：「先生，請你站在這裡，小姐，請你站在那裡。」目標是讓他們離開彼此的空間，這樣就不會近距離接觸，同時也給予他們能夠冷靜下來的「距離」。

2. **告知「每個人都有機會講話」。**兩邊的當事人很可能一直互相嗆聲以「占上風」，你的這句話會讓他們知道大家都有機會表達自己的觀點。

3. **拿出記事本：「請從頭開始，告訴我發生了什麼事。」**知道有人在做紀錄，大家通常就會從咆哮、大吵轉為比較理性的報告。他們必須回想並還原實際發生的事情，也必須放慢講話速度，因為如果講太快，你就很難把事情完整記下來，所以他們會逐漸平靜下來。另外，由於知道你正在記錄這些對話，他們就不太可能講出太難聽、對自己不利的話語。

4. **複述他們所說的話。**「我複述一遍你說的話，確認我的理解正確。」當你念完他們的報告後，他們可能會說「沒錯」——正如在第十一章討論過的，這就是人們感覺被傾聽時會說的話。他們不必一再碎念，因為很清楚你已經記下來了。

有位學校輔導老師告訴我：「這個技巧不僅適用於警察處理案件，對我來說也很有用。學生經常因為『惹麻煩』被轉介到我的辦公室，他們很常互相指責，試圖說服我是對方先起頭的。我會給每個人三分鐘的時間講述到底發生什麼事。如果有人想打斷別人的話，我就會說『等一下會輪到你』，然後告訴正在報告的學生還剩多少時間。定出時間限制，可以讓他們講重點。」她微笑著補充：「每次我複述他們說的話，他們確實會說『沒錯』，就跟你說的一樣。」

另一名準備離婚的女子則告訴我：「我把這個技巧用在虐待我的前夫身上，我是舉起手機說：『馬克，我正在錄音。再說一次你剛剛說的內容？』他就會比較克制自己的言行，因為他知道我會把這些辱罵證據提交給我的離婚律師，這對他來說沒好處。」

請想想那些讓你生氣、或有人向你發洩憤怒的情況，你都是怎麼處理的？你是壓抑自己的憤怒，採取「反應型憤怒」？還是選擇責任型憤怒？如果有機會重來一次，你會採取哪些不同的做法？

請注意：如果你的直覺告訴你對方不是單純生氣而已，而是可能危害你的生命安全，請先趕緊離開現場。第二十七章會教你，如果遇到可能對自己或他人構成人身威脅的情況，該採取什麼樣的應對措施。

生氣時該怎麼表達的提示卡

讓我們回到本章開頭提到的「租借湖邊小屋」例子，以下是一些積極主動處理這個問題的方法，盡可能避免讓你們的友誼破裂。

該拋棄的話語	該使用的話語
單純發洩你的憤怒 「我對他這種自私的行為很不爽。」	對你的憤怒採取行動 「我晚上會打電話給他，請他做出彌補。」
壓抑你的憤怒 「我不想失去朋友，所以這次就算了吧。」	好好表達你的憤怒 「我會告訴他我的感受，這樣他就有機會改正。」
空泛地指責對方 「你在搞亂小屋的當下，明顯沒有把我當朋友吧。」	闡明你生氣的原因 「我發現小屋變得很髒亂，食物調理機也壞了。」
數落對方的罪狀 「你留下一堆爛攤子！我以後絕對不會再幫你任何忙了。」	要求對方改正 「如果你願意修好調理機並把小屋打掃乾淨，我會非常感激。」

PART 4

當有人不在乎公平時該怎麼做

幾乎每個成功的人都從兩個信念開始：
未來可以比現在更好，以及我有能力做到這一點。

——大衛・布魯克斯（文化評論家）

如果……時，我可以怎麼說或怎麼做？

24

有人試圖操縱他人？

我不想以高人一等的態度對待別人。

——溫蒂．摩根（演員）

「我媽真的很懂怎麼刺激我，畢竟她就是始作俑者。她喜歡扮演受害者或犧牲者，我該怎麼讓她停止情緒勒索我呢？」

我告訴這名提問的女子：「操縱者會辨識並瞄準你情緒上的致命弱點出擊。如果你對某個話題很敏感，他們就會猛烈攻擊，因為知道這樣可以打擊你。」

她說：「我突然懂為什麼我媽老愛說我自私了，因為我一直不想被認為自私。如果我沒有給她想要的東西，她就會氣呼呼地一直講，最終讓我屈服。」

「這就是操縱者的招式。他們不只能找出你的弱點，也常將自己的弱點投射到你身上，很典型的『五十步笑百步』。」我告訴她：「想要打破這個循環，你可以問自己一個關鍵問題：其他人認為我自私嗎？」

她說朋友都認為她是數一數二體貼的人。

「操縱者的目標是讓你質疑自己，他們想要削弱你的信心，這樣你就容易被操縱。當然，如果有很多人給予你類似的回饋，即使你不同意，也值得審視自己是否有盲點。然而，如果某個人的回饋與多數人對你的看法背道而馳，那麼通常表示這些回饋其實更符合他自己的情況。所以，我們該專注於如何指出她的操控行為，這樣她就不能再影響你的情緒了。」

如果這名女子的遭遇讓你覺得似曾相識，你也許可以和你的母親談一談。你可以說：「媽，過去你常隨意辱罵我，到此為止了。從現在開始，事情會有所不同，不可以再亂罵人，我不會罵你，你也不會罵我。如果我們之中有任何一個人這樣做，那麼當下的對話就立刻結束。」接著請務必遵守你的諾言，只要她說出類似這樣的話：「你知道你的問題在哪裡嗎？你從小到大就是這麼自私……」那麼請你回覆她：「媽，我們之前已經說好了。請問你現在除了謾罵之外，還有其他什麼話想說嗎？」

如果有的話，那就太好了，但是如果她想繼續扮演犧牲者——「你怎麼敢這樣指責我?!我的心臟很不好。」這時請說「媽媽，我愛你，明天我們再重新開始談吧」，然後立刻離開房間，即使你們是在餐廳或家庭聚會上也一樣。如果是在電話中，請說：「媽，等你準備好遵守我們的約定，我很歡迎你這個周末打電話給我。」

正如我之前所說的，你這麼做並不是刻薄，只是說出事實。你所要傳達的意思是「我們會互相尊重，我會讓我們雙方負起責任做到」。

他們的動機是要讓你內疚嗎？

操縱者是不會改變本性的，所以阻止他們的唯一方法就是停止讓他們對你的心靈造成負擔。學員梅伊告訴我：「我好希望幾年前就來參加這個工作坊。我哥患有躁鬱症，每次他按時服用藥物並處於『鬱期』的時候，人就好好的，但是只要他進入『躁期』，就會變得攻擊性很高。」

梅伊是房地產經紀人，所以晚上和周末通常都在帶客戶看房子。她對這份工作很上手，但是對教養孩子卻沒有同等的信心，她哥哥知道這個痛點，經常故意借題發揮，某次他在電話中說梅伊的孩子很恨她。梅伊的姐姐知道之後，告訴她：「看著我的眼睛，記住我要告訴你的話。他需要醫療協助，這不是你的錯，你沒有辦法做任何事來讓他好起來。」

梅伊過去一直相信，只要找出「正確」的說話方式，他總有一天會意識到自己有多惡劣，並且道歉。

梅伊補充道：「我姐建議我想像周圍有一個塑膠泡泡，擋住他的言語攻擊。大多數時候這都滿有效的，但有時他還是會得逞，他最近又發了一封電子郵件酸我不會帶孩子，我崩潰大哭。還好姐姐問了一個讓我冷靜下來的問題：『你為什麼要讀這封信？你明知他是什麼狀況。』好問題，我再次讓他有力量左右自己的情緒。」

我們為什麼要這樣對待自己？原因之一是我們無法理解為何有人可以故意殘忍行事，特別是當他們注意到自己正在傷害曾愛著、或理應該愛著的人。

是時候停止重複造訪那些一直傷害我們的地方和對象了。你不必吞忍辱罵，請讓那些慣犯清楚知道，往後只要他們展露出一絲言語暴力的跡象，你就會掛斷電話、停止閱讀電子郵件和訊息。讓對方知道你會截圖記錄那些霸凌言論、保留語音訊息和電子郵件，不會輕易讓事情這樣過去。

如果在公共場合發生言語霸凌怎麼辦？

寬容令人欽佩。在處理言語霸凌時，不寬容更令人欽佩。

——莎曼．霍恩

安琪拉．譚尼森是經過認證的「嘴上功夫」訓練師，她曾任歐巴馬總統的白宮行政官邸的高階經理。我問安琪拉：「我想你一定遇過一些很棘手的情況。你能不能回想一個有人試圖侵犯界限的案例，並且分享你是怎麼應對的。」

她提到有次歐巴馬總統在白宮知名的東廳遇到訪客騷擾。她說很可惜當時自己沒有值班，否則一定不會放任事情發生。我問她：「你會怎麼做？」

「我會走到騷擾者面前說：『之後會有合適的時間和地點讓你質問總統，但不是現在。』」

我問：「如果他不理你呢？」

「我會要求保全人員護送他出去。他被邀請到我們家，這種行為很不尊重人，我不會允許。」

你可能會想：「她做得很好，但如果有人這樣纏著我，我可沒有保全可以護送對方離開。」那麼，你就把自己護送出去，不要提供對方一個言語霸凌的舞台。如果他們不聽勸告而且一心一意要傷害你或其他人，那麼就趕快離開這裡。當你遇到有人咄咄逼人或出言辱罵，可以嘗試以這些句子回應：

- 「我確定我一定誤會了你說的話，請你再講一次。」
- 「請把這種話帶去其他地方。」
- 「你可能需要重新考慮一下措辭，你的一言一行都會被錄下來。」
- 「不好意思。我們在家裡（或在我的辦公室）不會這樣說話。」
- 「我們不會說這樣的字眼。請換句話說。」
- 「你很丟人現眼。你可以表達自己的意思，但這次請放尊重一點。」
- 「我正在錄影，你要把剛剛的話再說一遍嗎？」

我想起有一次在機場招了輛計程車，司機發現目的地是可以快速到達的鄰近飯店，就開始長篇大論，其中夾雜各式各樣的髒話。我可以理解他為什麼不高興，他可能等了好幾個小時，希望能載到車資一百美元的客人，而不是只有十美元的短程客。我了解計程車司機賺錢不容易，所以坐短程通常會用高額小費來彌補司機的辛勞，但是如果司機對我惡言相向那就另當別論。

我從包包裡拿出紙筆，看了看他儀表板上的駕照，很有禮貌地問：「請問你的名字怎麼寫？」剩下的旅程突然變得安靜。到達飯店時，他跳下車幫我開門，還說：「請不要檢舉我。」

有時候，為了促使對方改正行為，我們所要做的就是詢問他們的名字怎麼寫。他們通常不希望自己的行為被記錄下來，因此就會停止。

如何應對被動攻擊者

有名參加研討會的主管說：「我的同事非常有心機，她不會直接講刻薄話，但就是有辦法酸人。」

我問：「她做了什麼？」

「我有時候會請假帶孩子去看醫生。她會說：『有小孩真棒，自動讓人獲得提早下班的好藉口。』」

我告訴這位主管：「這個人的言行符合美國心理學會對『被動攻擊』的定義，也就是『看似無害、偶然或中性的行為，但間接表現出無意識的攻擊動機』。」

關鍵是「間接」，被動攻擊型的人不會直接表達自己的感受，而是會發表我所謂的「披著羊皮的狼」言論。這種言論目的是讓你感覺不舒服，卻不知道為什麼。

這些話本身看似無害，但背後卻暗藏著侮辱你的意思，你雖然感覺不舒服，但無法準確地點出問題所在。以下是一些常見的例子：

- 「你應該多穿有條紋的衣服，很顯瘦。」
- 「感謝你舉辦這麼棒的生日派對。」（其實是酸你沒有做到。）
- 「我不是故意不禮貌……」（但對方就是這個意思。）
- 「我不喜歡這麼說，但是……」（暗示著「我其實很喜歡這麼說」。）

被動攻擊型的人可說是情緒方面的「肇事逃逸駕駛」，他們喜歡暗箭傷人卻又老愛裝無辜。我們該如何應對操縱者，而不是在他們身邊提心吊膽呢？

- **詢問他們的隱藏意圖是什麼？**他們希望你能了解哪些他們沒有勇氣直接表達的內容？他們想讓你對什麼事情感到不開心？
- **詢問自己感覺到哪裡表裡不一？**他們有不一致的肢體語言嗎？是否試圖表現得若無其事，但眼中閃過「逮到你了」的狡詐光芒？他們是否口中說著甜言蜜語，但感覺刺耳、不真誠？
- **點明他們的潛藏意圖。**比如說：「你不會是想催促我做出決定吧？」「華特，別拖我下水。」他們通常會否認，甚至可能反過來指責你「反應過度」或「編故事」，抹黑你是他們轉移注意力的方式。

● **不要被對方牽著鼻子走**。無論如何都請保持冷靜。「應該多穿條紋衣服」這樣帶刺的話，只會在你對身材過度反應時螫傷你。如果發現操縱者試圖拿身材這個主題作文章，你只需要微笑著說：「謝謝，我也喜歡這套衣服。」前面那位研討會的主管可以對女同事說：「你說得很對，我很幸運有小孩。」然後就這樣讓事情結束。

● **就事論事**。如果對方說的有部分道理，請對此負起責任並採取行動。你不需要因為忘記舉辦生日派對而道歉，也不要反擊：「我又不會讀心術，你想要生日派對就該早點講。」你只需要問：「薇拉，你想要有生日派對嗎？如果是這樣，你想邀請誰？想什麼時候、在哪裡舉行呢？」

對付這些被動攻擊的人（並且不要屈服於直接反擊的誘惑），就是要讓他們吐實。如果感覺事情不太對勁，請看著對方的眼睛，說出他們的名字，然後問：「喬治，你想說什麼？」他們可能會反駁、顧左右而言他，試圖假裝「沒什麼」，但是請不要就這麼讓事情算了。

英國女星海倫．米蘭在早年的一次電視採訪中，就充分做到這一點。當時的主持人問了幾個刁鑽的問題，例如她是否因為「身上的裝備」而很難被認真對待，同時指著她的胸部。

海倫・米蘭不打算輕易放過他，故意反問：「你是說我的手指嗎？」

主持人猶豫了一下，又堅持道：「不，我是指你的身體特質。」

她回應：「走認真戲路的女演員不該有大胸部，你是這個意思嗎？」她直接點出了他言論中所暗藏的性別歧視，做得好！

你的生活中是否有人在說出酸言酸語之後，還想逃避責任？請直接戳破他們的意圖，例如：「又是愧疚這個老招式，對我沒用喔，你有沒有別招？」「請直接告訴我你的真實感受，這樣我就不用去猜你的想法。」他們可能會繼續裝無辜，但是當你點出這個手法時，就讓它失效了。

有人進行煤氣燈操縱該怎麼辦？

煤氣燈操縱會讓我們懷疑自己的記憶、認知和判斷，使我們在心理上失去平衡。

——黛娜・亞庫理（Dana Arcuri，作家）

「煤氣燈操縱」是最陰險的操縱類型之一。如果你曾經歷過，或是親眼目睹這種事發生在別人身上，就會知道這種手法的目的是澈底打亂一個人的頭腦，失去對所有事情的判斷。

你可能知道這個術語是源自經典電影《煤氣燈下》，劇中一名控制欲極強的丈夫透過讓妻子時時質疑自己的理智，從而將她逼瘋。這就是情緒操縱者所做的事，他們會故意透過創造一個充滿謊言和扭曲言論的環境，來逐步破壞你的現實感。

有名職涯顧問分享了一個煤氣燈操縱的故事：「我的大學室友嫁給了一名『看似』完美的男子，他英俊瀟灑，會帶她來一場驚喜假期，還會買昂貴的禮物給她。然而，他們結婚後不久，她就開始懷疑他有外遇。問題是，每次她提起這件事，他都會說不敢相信她會指控他這種事情，甚至還表現出自己被誤會而深感受傷。他拿『被誤會』這件事大鬧一場，導致我室友後來就退縮了。」這位先生最後同意和太太一起去接受心理諮商，但他的魅力和說服力成功讓心理師判斷確實是太太想太多了。

「這種情況持續了很多年，直到有一天她發現他手機新收到的簡訊證實了她一直以來的懷疑：他有外遇。就連她手裡拿著證據與他對質，他也試圖顛倒黑白。」

這位職涯顧問繼續說：「我認為我室友這麼容易受到煤氣燈操縱的原因之一是，她沒想到一個聲稱愛著自己的人會一邊蓄意欺騙她，一邊暗示她『瘋了』。」

如果你不確定自己是否正在遭受煤氣燈操縱，但內心的「懷疑」告訴你這個人正在操縱你，以下是一些會洩漏蛛絲馬跡的句子：

- 「你又來了，又再編那些有的沒的。」
- 「哇，你想像力太豐富了吧。」
- 「你知道你有多好騙嗎？」
- 「你只是嫉妒。」
- 「你反應過度了，這種事從來沒有發生。」
- 「別這麼戲劇化。」
- 「老天，你真的很偏執吔。」

請注意，前述攻擊都是要讓你處於防禦狀態。還記得第十章討論過如果有人提出不實指控時應該如何應對嗎？不要重複他們的負面言論，說出「我沒有偏執」只會強調他們的指控，也會促使他們繼續緊咬不放。

請記住，他們的目標是讓你失去平靜，感到困惑和慌張。他們的目的是把注意力從他們身上轉移到你身上，藉由言語攻擊讓你忙於反駁他們所說的話，而不是繼續注意他們到底做了什麼事。

請不要做出情緒化的反應（例如說：「我沒有捏造事實！」），而是低聲緩慢地說「亞當，證據就在手機裡」或者「蘇珊，請為你做的事情負責」。

操縱者希望你活在恐懼之中，這樣你就無法追求自己的夢想。他們想讓你變得渺小，讓你受制於他們。他們想讓你質疑自己，這樣你就沒有勇氣質疑他們。他們的目標是讓你如履薄冰，讓你害怕他們、沒有信心挑戰他們。

我們沒辦法透過短短一個章節內容完整討論這個複雜的主題，如果你有需要，市面上有很多相關書籍可以參考。希望本章能幫助你發現操縱手段，這樣你就不會受到影響。也希望我們提供的回應可以幫助你看透操縱者的把戲（對他們來說，這確實是一場遊戲），這樣他們就不能再繼續傷害你。

你會在下一章找到更多的方法應對那些不關心自己是否公平待人的人。

如果有人操縱你該怎麼辦的提示卡

你的姐夫再次陷入財務困境，這是他第三次來找你「借」錢了。他承諾會還錢，但你知道錢只會一去不復返。

該拋棄的話語	該使用的話語
屈服於被動攻擊的壓力 「我確實賺比較多，好像不應該這麼小氣。」	**採取積極行動** 「麥爾斯，我了解你想要錢，我已經不再借錢給家人了。」
被煤氣燈操縱者逼到失去理智 「我以前借你那麼多錢，你有臉敢說我自私 ?!」	**讓煤氣燈操縱者沒轍** 「麥爾斯，上次你這麼做有用，這次行不通了。」
被對方的話牽著鼻子走 「我才沒有只想到自己！我也幫助過很多人。」	**保持冷靜** 「我最後的答案就是不，麥爾斯。」
容忍言語辱罵 「我不敢相信你敢這樣罵我。」	**對言語辱罵零容忍** 「麥爾斯，請你現在就離開我家！」

25

有人在霸凌他人？

不是只有成為校園中的邊緣人才會被欺負，因為欺凌和被欺負有很多種形式。

——女神卡卡（歌手）

「這些雙贏的技巧應該對大多數人都有效，但我身邊有個完全無視這一切的人。他對待所有人是完全不講道理的，我們只能小心翼翼避開，以免惹到他。如果嘗試過各種方法但都沒有用，該怎麼辦？」

雙贏技巧確實適用於想要與他人好好相處的人。不幸的是，有些人想要的不是雙贏，而是追求自己的個人勝利。

如果你不幸與一個不管大家怎麼做，他都會繼續讓別人痛苦的人一起工作或生活，你可能需要先做後面的測驗，確認這個人是不是我所說的「5%的人」。

惡霸不想合作，只想要控制

請對你帶入這個空間的能量負責。

——吉兒・泰勒（神經解剖學家）

霸凌者不會為自己帶入空間的能量負責，他們的目標是闖入你的空間之後加以霸占，而且會盡全力來達成這個目標。

美國語言聽力學會邀請我在年會上針對這個主題發表演講。令人驚訝的是，現場有非常多聽眾表示，在做這個測驗之前，他們從未想到自己正在跟惡霸打交道。他們說沒有人教過該怎麼辨識霸凌者的言行特徵，所以他們不知道原來這就是霸凌。另外，大家從小被教導永遠不該先檢討別人或給別人貼上標籤，所以他們往往是不斷反省自己——我做錯了什麼？我對此要負起哪些責任？為什麼我會把它「吸引」到我的生活中？我怎樣做才能更有同理心？

願意反省自己的行為是美德，但遇到霸凌者反而會傷害到你自己，原因如下：

95% 的人	5% 的人
有時很難搞。	總是故意很難搞。
嘗試解決問題。	試圖怪罪到你身上。
想要合作。	想要控制。
遵守規則。	我行我素。
有良心。	沒有良心。
承認錯誤並負起責任。	千錯萬錯都是別人的錯。
自我反省和自我改正。	不自我反省或自我改正。

有哪幾條看起來很熟悉嗎？你也許開始意識到生活中某些難搞的人是故意這樣做的，說不定你也注意到他們有控制、操縱和虐待他人以達到目的的行為模式。

測驗：「你正在與5%的人打交道嗎？」

想想那些長期讓你感到失衡、困惑、做錯事、渺小或「不夠好」的人。以下問題請根據程度輕重，以一到五分來回答。其中一代表「幾乎沒有」，五代表「幾乎總是」。

1. 面對這個人你是否覺得「如履薄冰」，因為你永遠不知道什麼事情會讓他生氣？
2. 這個人是否對除了自己之外的所有人都很苛刻？出了問題他是否馬上責怪

他人，而不是承擔自己應負的責任，並且改變做法？

3. 這個人是否很傲慢或覺得自己無所不知？所有事情都喜歡爭對錯？是否表現得高高在上並貶低他人？

4. 這個人的性格是否有明顯的雙面性，一下很迷人，一下又很殘酷？你永遠不知道他現在處於哪種狀態？

5. 這個人是否喜歡貶低別人，但隨後又裝出無辜的樣子，反過來指責你「只是開玩笑而已」、「不要開不起玩笑」、「幹麼這麼敏感」。

6. 這個人是否自認必須掌握一切，堅持事情都要按照自己的意思，並且會攻擊任何敢質疑他的判斷、知識、權威的人？

7. 這個人習慣扮演犧牲者或受害者？他們只要不快樂、孤單、生氣或不受重視，都認為這是你的錯，並試圖情緒勒索你，要你為此負責？

8. 這個人是否會恐嚇、威脅你？每次你想說出真心話或為自己挺身而出，他的反應會更加激烈、暴力或進行言語辱罵？

9. 這個人是否行徑瘋狂，經常否認自己說過的話，或扭曲事實？如果你提出反駁，他會反過來指責你反應過度和偏激？

10. 你不在這個人身邊時會更快樂嗎？

如果測驗結果的總分為二十五分以下，那麼你面對的並不是霸凌者。這個人可能只是心情不好或過得不順，不過他們通常會按人與人之間的信任和常識行事，並對互利的解決方案持開放態度，最終可以接受不同意見並選擇真誠地採取行動。

如果測驗結果的總分高於二十五分，那麼你可能正在面對霸凌者，或我所說的「5%的人」。他們想要掌控一切並當老大，不會自我反省和自我糾正。他們不會幡然醒悟、道歉或改正錯誤，而是會繼續把事情都怪罪到你頭上，因為他們根本不想要合作，他們只想要控制。

我得很痛苦地說：繼續善待一個決心摧毀你的人是徒勞無功的。在理想的世界裡，只要你合理、理性、尊重地對待他人，每個人也會如此對待你。幸運的是，大多數人都是這樣，這也是為什麼我們前面分享的多為合理、理性、尊重的方法，鼓勵大多數人做出同樣的回應。

「5%的人」卻是一大例外。對大多數人有效的良性技巧（積極傾聽、同理心、共同創造雙贏結果）對他們起不了任何作用，因為他們只想要權力。這就是為什麼，即使5%的人所做的事情不是你的錯，你仍有責任保護自己，因為霸凌者喜歡把你踩在腳下的感覺。

你不必成為霸凌者，但也不必繼續被霸凌。你確實需要改變這種「支配—屈服」的互動，這樣霸凌者就知道他們不能再威嚇你了。接下來會教你幾種改變的方法。

保護你的呼拉圈空間

你所隱忍的最終就會是你所得到的。

——威茲・哈利法（饒舌歌手）

如果你「隱忍」霸凌行為，並天真地希望它會自己消失……要知道，這麼做只會起反作用。

有次我在報紙上看到一個意見諮詢專欄，有名八十歲的寡婦寫信詢問如何應對好朋友的老公，這名男子最近碰面打招呼時會過度親密地吻她的嘴，同時雙手四處游移。她有私下寫信請他停止這些不當行為，但他忽視這項要求，繼續這些讓人不舒服的舉止。

她得知他對其他女性也這樣做，所以想詢問專欄作家該怎麼辦。寡婦提到不想被這個社交圈排擠，因為在丈夫去世後，她覺得自己很幸運能夠持續留在這個小團體中。

專欄作家的回答是，他尊重她想安靜處理這件事的意圖，並建議她避免身體接觸，在公共場合見面時只要微笑跟對方打個招呼就好。他說雖然一開始可能會覺得尷尬，但其實這不會如她想像的那樣突兀。一旦對方打算張開雙臂擁抱或觸碰她時，專欄作家建議她立刻走開。

唉，為什麼都到了這個年代，我們仍然建議大家以「安靜、不引人注意的方式」處理霸凌行為和不必要的身體接觸，以免受到指責？是時候開始讓侵略者為自己的不當行為負責，而不是遷就、對此保持沉默，希望這些侵犯會自動消失。

我認為更好的答案是告訴這位寡婦，她有權阻止任何人進入她的「呼拉圈空間」——將手臂向前方、兩側和後方伸展，這是大約直徑九十公分的空間。你有權保護自己的呼拉圈空間，未經你的許可任何人不得進入其中。如果有人向你逼近、侵犯這個界限，請立刻解決，而不是被動地接受並希望他們下次不會再犯（請注意，霸凌者往往將你的禮貌解釋為允許）。

你可能會想，如果是在地鐵、火車或飛機上怎麼辦？大家不得不像沙丁魚一樣擠在一起。又或是在擁擠的活動、音樂會和體育賽事現場該怎麼辦？這些公共場合很難澈底執行「呼拉圈空間」的界限。確實如此，然而千萬別忘記，只要事關你的私人空間、有人未經允許闖入時，你絕對有權告訴對方：「請退後，給我一些空間。」

叫霸凌者退下

對付霸凌者的方法就是拿回控制權然後離開。第一次如此，每一次都如此。對方沒有掌控權，就沒得玩了。

——賽斯・高汀（作家）

如何說服霸凌者離開你的空間？必須由你親口告訴他們，但不需要說太多。事實上，制止的命令越短越好，例如：「鮑伯，走開」、「山姆，停止」、「泰拉，夠了」。

不當的行為發生時，你可以藉由點明他們的行為來扭轉風險，而不是天真地希望對方會放你一馬。隱微的暗示沒有用，這些人都會挑「好人」下手，因為他們吃定你不願意把事情鬧大。

霸凌者會透過不太恰當的言行來測試界限。他們會當面挑釁或侵入你的空間，如果此時你不加以制止，他們就會得寸進尺，因為不需要承擔任何後果——他們現在知道你害怕打破現狀，不願意讓其他人注意到這一點。他們現在覺得自己「擁有或掌控了」你，你不會為他們「造成問題」，某種程度來說，你的沉默保護了他們。

請理解，造成問題的不是你，而是霸凌者。他們是迫使這個問題發生的人，必須承擔責任，除非你制止他們，否則他們不會罷手。如果有人不恰當地觸碰你或做出冒犯的事，請不要繼續友善地對待他們。不要假裝這件事沒有發生，因為這是一種屈服，反而鼓勵了他們的不當行為，事情只會變本加厲。

如果有人有利用擁擠的環境或打招呼等條件，藉機侵犯你的個人空間的前科，請先發制人。他們靠近時不要「微笑打招呼」，而是伸出你的手（像交通警察那樣）強力且堅定地防止對方接近到令人不舒服的程度。

阻止對方時不要使用以「我」為開頭的句子，例如「我不想被親吻」。我們常被教導使用「我」這個字來表達自己的感受，會是比較理想的溝通方法，不過這只適用於一般人，而這些霸凌者只在乎自己想要什麼，根本不在乎你想要什麼。他們甚至想讓你感到不舒服，因為這代表他們更有可能得到想要的東西。這就是為什麼不要使用「我」這個字將對話的注意力集中到你的反應，而是應該改用他們的名字（若對方不是熟識的人，則使用「你」這個字）來將注意力集中在他們不當的行為上。

- 「迪恩，你想都別想。」
- 「史提芬，把你的手從我肩膀上拿開。」
- 「你，注意你的距離。」

對霸凌者友善並不能說服他們對你友善。你越想要「維護和平」，他們就越會吃定你的友善。請繼續尊重那些尊重你的人，繼續對有良心的人使用「我」。然而，如果有人習於侵犯你的界限，追究他們的責任並不意味著「苛刻」，而是要讓他們負起責任面對後果。這代表你要保護自己的空間，並在有人試圖利用你時勇於出聲。

請記住，以「我」為開頭的溝通方式適合「95%的人」，像是「我認為這不公平」和「我不喜歡這種言語」。然而世界上有「5%的人」的表現事與願違，他們希望你受到傷害以及冒犯。單單告訴霸凌者你不喜歡他們所做的事情並不能讓他們改變，只會讓他們竊喜：「很好！這樣做有用。」

堅強地挺身而出

藝術就像道德一樣，需要在某個地方劃定界限。

——G．K．卻斯特頓（作家）

有次我在跑宣傳行程時，一名廣播主持人跟我分享了一個與霸凌者交手的「成功故事」。這位主持人因故長年都坐著輪椅，有次解僱一名員工時經歷了可怕的遭遇。「他向我逼近，在我面前揮舞拳頭。我沒有退縮，而是看著他的眼睛說：『等你願意坐在那張椅子上，我們就可以開始談話。』很驚訝的是他居然坐下了。如果我說『我不喜歡被人威脅』，他可能會說『我不喜歡被人炒魷魚』，這樣緊張的情況會持續好一陣子。」

這位主持人是對的，「我不喜歡被人威脅」不會讓這名員工停下來，反而給他繼續進逼的動力。

你有沒有注意到，霸凌者喜歡在別人坐著時抨擊對方？因為他們會透過讓自己看起來比較高，讓你覺得自己變渺小。這位主持人一定是直覺地知道這一點。由於他無法站起來，所以「創造公平的競爭環境」對他來說很重要，這樣被解僱的員工就不會「俯視」他。這種一上一下的互動會加深員工的宰制感和優越感。

如果你坐在辦公桌前，有霸凌者開始攻擊你，請你趕快站起來。用自己的兩隻腳站起來是一種生理和心理的負面模式中斷，這是在劃定界限，而且也表達出「我不會坐著任你擺布」的意思。如果你因故無法起身，那麼就跟對方說：「只要你坐下來，我們就可以開始談。」

如果被霸凌的人是小孩怎麼辦？

學校如果是一本書，「基礎知識」只占兩章，「我在人類廣大群體中處於什麼位置」占五十章。

——芭芭拉・金索沃（作家）

一名參加霸凌應對課程的女學員說：「遭遇霸凌的不是我，是我八歲的女兒愛咪。她很害怕上學，因為有一群女生會欺負她。我告訴愛咪只要避開她們，她們就會放過她，但這些女生還是繼續霸凌她。」

我告訴這位女學員：「我很同情你們的遭遇。請不要建議她避開那些霸凌者，因為這會無意識地強化『習得性無助』，讓她繼續生活在對霸凌的恐懼中。」

我問：「你家有養狗或貓嗎？」

她很困惑：「都有，但這有什麼關連呢？」

我問：「牠們誰是老大？」

她笑了。「那隻貓！這很諷刺，因為我們家的杜賓犬可是重達三十六公斤，貓咪則大概三公斤重，但她是老大。」

「我打賭你家貓咪有一種『想都別想』的強硬姿態，讓杜賓犬知道誰是老大？」

「沒錯，但是這對我女兒愛咪有什麼幫助呢？」

我說：「請用這個例子告訴她，狗狗不會去煩知道自己是誰的貓咪。不要再逃跑了，因為這是暗示霸凌者『你很害怕』的行為。她要學習如何將身體靠向那些欺負她的女生，因為這意味著她不會退縮，對方反而可能會選擇撤退。」

「聽起來不錯，但是她目前可能沒有信心這麼做，怎麼辦？」

「幫她報名武術或運動課程，學習如何散發出來自身體的自信，傳遞出非語言的訊息：『我能照顧好自己。』不要擺出『請不要找我麻煩』的姿態，而是學會如何堅強。」

我最後建議她：「你還可以做的一件事就是問愛咪那些『壞女生』會說什麼，然後幫助她練習如何回答，這樣就不會措手不及。她可以練習踢足球、練習抬頭挺胸，而不是畏畏縮縮。她可以練習嘆口氣後告訴對方：『你只能做這種事才能獲得自信心嗎？』然後站直身體、抬起頭，以一種放鬆的姿態離開，這能傳達出『無論你想做什麼，對我都沒有用』的訊息。」

採取行動，並記得團結力量大

一名沙龍工作者分享了以下故事：「有一名造型師讓大家的日子都變得很難過。問題是，在老闆眼中她是個好人，完全不知道她背地裡是什麼鬼樣子。幾乎所有人都因為無法忍受她而辭職了，如果可以的話我也想離開，但我需要收入，真不知道該怎麼辦。」

我告訴她：「我聽過數百個類似的故事了。一個惡霸就能造成如此大的傷害，真的是令人震驚。她不只這樣對待你，也這樣對待每個她認為『地位較低』的人。」

我的同事芭芭拉．科婁羅索是最早發現「霸凌」的構成要素其實是霸凌者、被霸凌者和旁觀者，三者缺一不可。許多旁觀者不願發聲，因為不希望自己成為霸凌者的目標。這種噤聲使霸凌者能夠繼續為所欲為，造成嚴重破壞。這就是為什麼當一個願意採取行動的人、而非旁觀者如此重要。

「但是我該怎麼做呢？就像我說的，我不想危及工作。」

我回答：「請準備一個重要的業務案例，呈現出這名有毒的員工如何對沙龍造成數千美元的收入損失，如此一來，解僱她就符合業主的長期最佳利益。我曾詢問傳奇商業作家哈維．麥凱：『在所有學到的經驗中，你最好的建議是什麼？』他毫不猶豫地說：『給我帶來最大麻煩的並不是那些被我解僱的人，而是我應該解僱、但沒有解僱的人。』」

「對，我同意你的觀點，但我需要知道更具體的做法。」

「記錄、記錄、記錄，讓你的報告會是關乎事實，而不是感覺。你可以詢問那些離職員工5W證詞，這名有毒同事在何時何地對誰說了什麼，這樣你就有了她不當對待他人的證據。你也可以研究行銷宣傳、面試、聘用、訓練新造型師的成本，這樣你就可以估算出她造成的損失。請其他造型師簽署一份請願書，確認這種情況不是偶一為之的個案，她的行為多年來一直都在傷害沙龍的經營。這麼做可以讓老闆清楚認識到，繼續視而不見是很糟糕的決策，他會開始採取行動。」

我曾在十月的美國霸凌防治月期間推出許多「永不再被霸凌」計畫。然而聽到許許多多人因為長期受到霸凌，導致身心健康出狀況的故事之後，我意識到每個月都應該是霸凌防治月。

防治霸凌是我們需要時時刻刻保持留意和警惕的事情，因為這對任何受害者來說都是一場惡夢。事實上，職場霸凌研究所在二〇二一年的調查指出，「估計有四千八百六十萬的美國人在工作中遭受霸凌」，整體情況正在惡化。

我希望這一章的技巧能幫助你和同事做好準備，保護自己免受5％不遵守規則的人的侵害。希望我能幫助你抬頭挺胸，為自己（以及你關心的人）發聲，這樣霸凌者就不再有力量可以繼續摧毀你的生活。

下一章會討論如果這些有毒人士就是不願改變、情況沒有好轉時該怎麼辦。

遇到霸凌者該怎麼辦的提示卡

業務經理常常辱罵你，也三不五時在大大小小的會議上對同事說一些可怕的話。他之所以能僥倖逃脫懲罰，是因為他幫公司業績帶來巨大的貢獻。

該拋棄的話語	該使用的話語
躲避和忽視 「我只要保持低調，他應該就不會針對我。」	**以行動回應** 「如果他對我開炮，我會打斷他，而不是默默忍受。」
用「我」回覆 「我不喜歡你跟我說話的方式。」	**以「你」回覆** 「泰勒，停下來。請你以尊重的態度跟我說話。」
習得性無助 「如果看到他從對面走過來，我會趕快從反方向離開。」	**守護呼拉圈空間** 「如果他敢貼到我面前，我會舉起手說『泰勒，退後』。」
退縮 「如果我把自己縮起來，也許他就不會注意到我了。」	**堅強** 「我會抬頭挺胸，堅定地走路。」
袖手旁觀 「他今天把貝芙罵得狗血淋頭，還讓她哭了。」	**行動者** 「我記錄了這次會議和其他會議中發生的情況，並將往上呈報。」

26

有人正在搞亂我的生活？

沒有人能在未經你同意的狀況下讓你感到卑微。

——愛蓮娜．羅斯福（美國外交官）

「我在食物銀行當志工。一名同事有酗酒問題，而且他真的是個大混蛋，我已向主管報告他的行為，但沒有任何改變。我能做些什麼？」

這件事情讓你覺得似曾相識嗎？你是否與一個混蛋一起工作、為他工作或在他周圍工作？我希望本書介紹的技巧能幫助你採取各種主動方法以改善這種情況。現在，讓我們來談談維持心態以及如何控制自己的情緒，而不是讓其他人隨意影響你內心的平靜。

我常在工作坊結尾放一張愛蓮娜．羅斯福的引言投影片，並將「感到卑微」

一詞替換為「生氣」或「悲慘」。有次，一名建築業老闆粗聲粗氣地對此表達不認同，他說：「你的意思是說，即便有人辱罵我，我也不應該生氣嗎？」

這時有位女士站起來說：「我同意莎曼的觀點，因為我有過這樣的經歷。我是外科護理師，和一名神經外科醫生一起工作，他是我見過的最不友善的人。他確實很有才華，但缺乏社交能力。不久前，我在手術中遞器械時慢了幾分之一秒，他就在同事面前極力羞辱我。我真是用盡了所有敬業精神才繼續完成手術而沒有立刻轉身就走。」

她繼續說：「回家的路上，越是想到他如何在同事面前羞辱我，就越生氣。我回到家告訴先生發生了什麼事。我先生以前就聽我抱怨過這個醫生的事情，他看著我說：『茱蒂，現在幾點了？』

「『晚上七點。』

「『這件事發生在什麼時候？』

「『今天早上九點。』

「『茱蒂，讓你生氣的真的是那個醫生嗎？』說完，他起身離開了餐桌。我坐在那裡思考這個問題。我意識到讓我生氣的確實不是那位醫生，我才是那個因為老是想著他的所作所為，而讓我和先生都痛苦的人。那天晚上，我決定不再歡迎那個爛人進入我家或我的腦袋。一旦我離開醫院，他就留在那裡，我再也沒有給予他毒害我個人生活的力量了。」

你讓誰在你的腦中有了歸屬？

在教會了我們需要知道的東西之前，事情不會消失。

——佩瑪・丘卓（比丘尼、作家）

你能向自己保證，再也不會在腦海裡給那個人有所歸屬了嗎？你能保證不再給予那個人毒害你生活的力量嗎？茱蒂分享完她的經驗和智慧之後，全場報以熱烈掌聲。我補充道：「我認為這是我們為了保持心理健康所學到的最重要教訓之一。如果你可以告訴我們如何不讓那個醫生毒害你的生活，會非常有幫助。」

她說：「我和先生說好每天有十五分鐘的『抱怨時間』。我們回到家之後都有十五分鐘可以報告當天的情況，並傾訴發生的一切。誰對誰做了什麼？有什麼事情困擾著我們等等。時間到了，我們就會改為討論其他話題，有很多事情可以聊：我們的孩子、周末想看什麼電影、要去哪裡度假。我們現在很享受夜晚時光，因為我們不會讓那個醫生主宰我們的生活。」

另一場工作坊的一名學員在聽完茱蒂的故事後說道：「我也和一名以愛辱罵別人出名的醫師一起工作。醫院從來沒有採取任何行動，因為他很有名，患者從全國各地飛來請他看診，他是該專業領域中最優秀的人之一，所以是『動不得』的。

「我和伴侶試著將我們的『抱怨時間』限制在十五分鐘。抱怨是多少有些幫助，但不會解決問題。你曾告訴過我們：可以抱怨不喜歡的東西，或是創造想要的東西。於是，我就採取行動了。」

他做了後續的事項，最終也促使醫院高層採取行動。希望這個例子可以幫助你敢於促使決策者要求這個有毒之人對自己的行為負責，而不是讓他們對周圍的每個人產生不成比例的負面影響。

1. **記錄多項惡劣行為範例**。你的記錄要涵蓋：誰說了什麼？什麼時候？在哪裡？多頻繁？目擊者有誰？請一定要保持客觀，這樣才不會被認為是道聽塗說而被忽視，甚至讓對方有辯解的空間。

2. **整理有毒行為對利潤產生的負面影響**。為了強化你的論點，請呈現出此人的行為所造成的客訴或其他代價高昂的錯誤，這樣就可以讓上層清楚看出這樣的行為不僅損害士氣和團隊文化，還影響了組織的利潤。

3. **集合眾人之力**。有哪些人可以為這些有毒行為作證？能夠證明這一點的人越多，就越不能將之視為單純的「性格不合」。

4. **安排與決策者會面**。不要隨意地跑到某位高層的辦公室討論這個議題。如果你希望自己的論點是能促成組織採取行動的，請按照正式的申訴流程走，並要求一定要留下紀錄，讓管理階層負起相對的法律責任。

這位醫院主管告訴我：「老實說，我不知道人力資源部對那位醫師說了什麼。我只知道他們有找他談這件事，因為後來他就改正自己的行為了。」

美國前國務卿杜勒斯表示：「一個組織成功的指標不在於它是否存在問題，而在於是否存在與去年相同的問題。」我們可以改編一下杜勒斯的觀察：「一個成功人士的指標不是我們是否面臨挑戰，而是我們是否面臨與去年相同的挑戰。」

回到本章開頭的問題。是誰讓你痛苦？這種情況已經持續多久了？如果這種情況是暫時的，而且是這個人經歷了一段艱難時期的結果，那是一回事，但是，如果這種行為隨著時間的推移不斷重複，那就是另一回事了。

如果你只能從這本書中學到一件事，那我希望是「有毒者的情況不會自行好轉」。如果這已經讓你痛苦了很長一段時間，那麼就該尋求幫助了。

你會強作勇敢嗎？

脆弱並不會讓你變得軟弱，而是讓你變得平易近人。

——啟斯．法拉利（商業作家）

我從經驗中學到的寶貴教訓是，遇到對我產生負面影響的事情時，最好坦承這一點並且找人傾訴，而不是故作堅強地硬吞下去。

我的兒子安德魯曾加入霍夫曼研究所（Hoffman Institute），該機構會帶領一個人挖掘自己如何受到成長經歷的影響（無論是好是壞）。我問安德魯是否有任何啟發，他說：「你真的想知道嗎？」我向他保證我是真心的。他分享說，有時他覺得我很不真實，因為我總是過於正面樂觀，他也認為我很少談論自己遇到的壞事，所以顯得缺乏真誠。

哇，真是一針見血。在此之前，我一直誤會為人父母的職責之一，就是保護孩子不受我遇到的生活鳥事或困境影響。安德魯很好奇我怎麼會有這個想法，因為在他看來，對這些事情避而不談反倒讓他無法真正了解我。

我們開始追溯這個想法的源頭。我告訴他，我媽媽在人生最後十年一直因為腦部腫瘤而痛苦不堪，然而每次我們主動想提供幫助時，她因為不想成為「負擔」，常常會說：「不用了，謝謝。」我們詢問她的身體狀況，她都會強作勇敢並說：「還不錯。」此外，從小到大我唯一一次聽到爸爸說髒話是在他修理牧場圍欄敲到大拇指的時候，他只罵了聲「該死」。多數時候即使出了問題，如果我們問他還好嗎，他也會說：「很好。」

我們幾個小孩從他們身上學到就是「永遠不要抱怨」，這是高尚、正確的選擇，即使自己正在苦苦掙扎，也不要隨意談論我們的感受。

了解到自己出於好意而做的事情其實事與願違時，給了我一記當頭棒喝，至少從安德魯的眼光來說，完全不抱怨自己遭遇的困難讓人顯得虛假。除此之外，這也讓我認識到物極必反的道理。積極是好事，對吧？但是發揮到極端就不是了，這會變成有毒的正面情緒，讓別人與我們保持距離，使我們無法被真正看見或聽到。

我很感謝安德魯讓我看到了這樣的事實：真誠比「堅強、堅持」更好。最好誠實地談論正在發生的一切，而不是「總是往光明面看」。現在，我會對我所愛的人說出真相，他們也會對我說出他們的真相，我的人際關係確實感覺更真實了。

蘇珊・大衛博士在ＴＥＤ演講也分享了類似的體悟。她在十幾歲時失去父親，陷入了憂鬱症，但由於周圍的大人沒有公開表達悲傷，所以蘇珊認為自己也不應該如此。有位老師注意到了她的痛苦，於是遞出一本黑色小筆記本給蘇珊說：「盡情寫下你的感受，不要在意會不會有人看。」老師的仁慈之舉讓蘇珊得以宣洩內心的感受，並發現她先前與自己和其他人變得非常疏離。

成為心理學家之後，她發現許多人認為情緒一定有好壞之分，所以會因為感到不快樂而覺得自己很糟糕。她認為培養情緒靈敏力的關鍵是要明白情緒只是情緒，沒有好壞之分。重要的是承認這些情緒並好好表達出來，而不是忽視。

那你呢？你會替不同情緒貼上好壞的標籤嗎？會因為心情不好而責備自己嗎？從現在開始，請試著採納蘇珊・大衛博士的觀點：「勇氣不是沒有恐懼，而是帶著恐懼前行。」

何不去找你信任的人，詢問他們是否有時間說說話？如果他們有時間，就放心說出你心中的真實情感吧。這或許無法幫助你直接解決困難，但會讓彼此更加親近，讓你心情比較好，也不再需要獨自承受一切。以下是一些提醒：

- **感受你的感覺**。不要加以粉飾，請務必真實表達你的感受，不要勉強自己正向思考。
- **釐清有毒的人或情況造成的影響**。他們究竟如何影響你的健康、睡眠、自尊、表現和生存意願？

- **與人同行而不是單獨行動**。請對方聆聽你的煩惱並給予安慰。當有毒事件占據你的大腦，你會感覺自己陷在死胡同裡。與支持你的人在一起可以產生「1＋1＝11」的效果。
- **運動會有助於改善情緒**。有位記者曾說：「在你忙到沒有時間放鬆的時候，就是該放鬆的時候。」運動也是一樣的道理。通常在我們起床、出門、運動之後，情緒都會好轉，因此在感到痛苦時，運動會是我們的第一要務。當你認為自己沒有體力了，就應該把運動放在第一順位，而不是持續拖延。

有人讓你痛苦時該怎麼辦的提示卡

你的室友非常喜歡在你一回到家就分享她最新遇到的鳥事。你試著展現同情心，並告訴她你下班之後也需要自己的空間，但她說：「如果你不願意傾聽，我就沒人可以分享了。」

該拋棄的話語	該使用的話語
否認你的「感覺」 「她朋友不多，我該支持她才是。我好像有點小題大做了。」	**真實接納你的感受** 「我很害怕待在家裡，她的痛苦讓我也跟著感到痛苦。」
單打獨鬥 「我要繼續忍耐！」	**尋求支持** 「我要向媽媽徵詢建議。」
持續隱忍 「唉，人生就是這樣。」	**採取行動** 「我每天給她十五分鐘的抱怨時間，不會再更多了。」
陷入沮喪 「我不想離開我的房間，我知道她等著『抓』我。」	**動起來** 「我要去跑跑步，這會讓我心情比較好。」

27 有人不願改變？

人總是會把自己的不如意怪罪於大環境，我對此並不認同。能夠取得成功的人是那些主動尋找有利環境的人，如果他們找不到，就會自己創造出來。

——蕭伯納（劇作家）

「我在有毒的職場中工作。我們向主管報告了我們的擔憂，但沒有收到任何回應，可能是因為公司目前人力不夠，沒有多餘的力氣管這件事。我和同事都無法採取更積極的行動，因為很怕被視為眼中釘而被炒魷魚。我們該怎麼辦？」

我後續會分享一系列的問題，幫助你從各個角度分析眼前的狀況，進而做出明智的決定。首先，請了解你在遇到不如意的時候有三件事可以做：

1. 改變對方。

段感情，或是面臨其他風險？你願意面對這些後果嗎？解決這個問題是否弊大於利？即使「離開」不是容易的選擇，但是否會比目前所經歷的一切更好？你是否做好準備，願意面對可能的最糟後果？

9. **對方真的有可能改變嗎？**有什麼因素可以促使對方改變言行？還是說機率不大，他們甚至可能對你報復？或者，即使這是一場令人不太舒服的談話，他們還是會很高興你勇於提出意見？

10. **我的決定會影響別人，有跟他們討論過這個問題嗎？**其他人是否能提出值得參考的意見？是否有客觀的第三者可以協助調解？你是否跟專業顧問討論過，對方有提出任何扭轉局面的可行見解嗎？這些外在意見能否幫助你以新的眼光看待這種情況，並提出不同的選擇和互惠互利的解決方案？

坦誠溝通會比斷然離開更好嗎？

如果你有足夠的勇氣說再見，人生會獎勵你一個新的開始。

——保羅．科爾賀

有時你不必對一整段關係說再見，只需要捨棄某些不再有用的部分就好。你可以透過發起對話，藉此獲得新的開始。舉例來說，我朋友的女兒愛蜜莉被工作的連鎖餐廳選為年度最佳員工。這是一個好消息，卻也帶來一個難題：愛蜜莉剛發現自己懷孕了。有鑑於自己可能很快就會提離職，她考慮婉拒這個獎項，因為感覺不恰當。

她的職涯教練布倫達反問：「與其先行決定辭職是唯一的解方，不如讓老闆知道發生了什麼事，並詢問對方的想法。我建議你們坦誠溝通，而不是自己做出單方面的決定，這也是給對方機會制定對大家都有益處的規範，你覺得如何？」

愛蜜莉按照布倫達的建議去做，主管得知消息後恭喜她懷孕，並表示公司非常重視她，因此想設立新的兼職職位，這樣她就可以繼續在家工作——皆大歡喜！

管理大師彼得．杜拉克曾說：「在每一則成功故事中，你都會發現有人做出了勇敢的決定。」要有勇氣去爭取你想要的東西，而不是屈服於現狀。重點在於提出你的期望，而不是馬上假設沒有其他選擇。即使沒有成功，至少你曾經盡力嘗試。

28

懷疑當個好人是否值得？

如果你還在尋找那個能改變你生活的人，那就照照鏡子吧。

——羅曼．普萊斯（部落客）

「我過得很掙扎，每天都會有人因為我執行他們不喜歡、不同意的政策而對我不滿。我努力保持積極態度，但是大家不斷把挫折感發洩在我身上，實在很難保持正向，我該怎麼辦？」

求助者是一名校長，她跟隨父母的腳步成為教育工作者，並致力於為學生帶來環境和教學政策的改變。但大多數時候，她都在忙著救火，幫忙收拾爛攤子。如果你也有同感，不妨閱讀後面的故事，提醒自己：我們永遠不知道有誰在看，並且受到我們以身作則的榜樣影響。

丁妮是夏威夷王子飯店的高階主管，她會定期在當地高中演講，以此回饋社區。她是家裡第一個有大學學歷的小孩，所以她很希望讓年輕人知道擁有夢想和接受教育到底有多重要。

然而某次的演講讓她非常灰心，台下有一半的學生在玩手機，另一半在說話、打鬧，根本沒有人聽她講了什麼。丁妮準備開車回家的時候，得出了一個結論：她想傳達的訊息對這些學生來說似乎沒有太大的意義，她之後不會再到學校演講了。她突然聽到有人跑到她身後，轉身一看是一名眼眶泛淚的女學生，她問：「丁妮小姐，請問你覺得我的人生還有機會嗎？」

丁妮向她保證，是的，如果她努力念書並相信自己的能力，她絕對有機會過更好的生活。

如果你不知道自己的付出是否值得，我希望你可以想一下丁妮的故事。我們永遠不知道有誰在看，永遠不知道有誰會因為我們的話語而受到激勵。我們唯一知道的是，自己每天都可以選擇做出改變，而這一點就會帶來重大的影響。

定感到高興。他的班導師一開始不太開心，因為這樣會跟幼稚園老師待在同一個樓層，而不是跟其他三年級的同事一起。但我很清楚，我的首要職責是幫助學生，而這是正確的做法。」

儘管累得要命，但瑞貝卡從來不相信自己已經用盡了所有可能的辦法。在創造出這個漂亮解決方案的過程中，她修復了自己的靈魂，也修復了周圍人的靈魂，這些人因為她願意繼續付出（而非放棄）而受到正面影響。

你覺得自己快要放棄了嗎？我記得維克多．弗蘭克在《活出意義來》提到的一句話：「人的一切都可以被奪走，但只有一件事沒辦法——人類最後的自由就是在任何情況下，都能選擇自己的態度和行動。」

無論你面臨什麼樣的處境，仍然可以自由地成為你想成為的人，以及身邊的人需要你成為的人。那是你少數可以控制的事情之一，它在你的手中，也在你的心中——這，很重要。

你對保持善良有所存疑時的提示卡

你的母親罹患失智症。看到過往聰明、有才華的媽媽處於這種狀態，你感到很痛苦。你不知道自己是否應該繼續探望她，因為她現在甚至認不出你來了。

該拋棄的話語	該使用的話語
對情況無能為力的想法 「我再怎麼努力喚起她的記憶，她還是不知道我是誰。」	**對情況有所幫助的想法** 「今天我可以幫她梳頭髮，她一直很喜歡這樣。」
完全放棄 「如果她沒辦法認知到我的存在，探望她有意義嗎？」	**繼續給予** 「她花了十幾年撫養我長大，定期探望這點事我可以做到的。」
怨恨世界殘酷 「她一直很注意健康，這世界太沒有天理了！」	**對世界善良以待** 「我要繼續保持關懷和友善的心。這是為了她，也是為了我。」
當個灰色人 「她的醫生當初為什麼不能早點發現呢？」	**成為藍色人** 「我想聯繫其他病友的家人，組成一個在地的支持小組。」
在問題上鑽牛角尖 「看到她這個樣子，我的心都碎了……」	**持續思考可能** 「今天來播放一些她最喜歡的歌曲，或許可以喚起她的回憶。」

結論

接下來該做什麼？

我厭倦追逐自己的夢想，所以決定問它們稍後會去哪裡，晚點再聯絡。
——米奇・赫德伯格（喜劇演員）

你的夢想是什麼呢？你的生活、事業和人際關係將走向何方？本書介紹的人際溝通能力可以幫助你實現目標。《富比士》雜誌上的一篇文章引述領英（LinkedIn）產品管理總監拉吉夫（Rohan Rajiv）的話：「隨著遠距工作的興起，軟技能變得更加重要，並且在各行各業中的重要性也日益提高。事實上，二〇二二年全球百分之七十八的職位招募條件都列出這一點。硬技術可以引起僱主的注意，但軟技能才是真正幫助你獲得工作的關鍵。」

早在二〇一五年，美國智庫「皮尤研究中心」就曾在一項調查中提到，成年人被問到：「關於孩子要在當今社會取得成功，您認為哪些技能最重要？」絕大多數的受訪者表示：「溝通技巧最重要，其次是閱讀能力、數學、團隊合作和邏輯。」

最後，專欄作家奧彭（Thomas Oppong）在史丹佛慈悲與利他主義研究與教育中心網站上寫了一篇文章，宣稱「擁有良好的社會關係，最能預測一個人是否能獲得幸福生活」。

那麼，這對你來說有什麼意義？請讓你在本書學到的東西成為生活中的優先事項。如果你想在生活中有所作為、想在真正重要的事情上變得富足，那就不要等待。今天就開始積極主動地善待他人和自己。

致謝

任何寫過書的人都明白為什麼作者總有一長串的感謝名單。在完成書稿的這幾個月裡，朋友、家人和同事有如風一般幫助我們展翅高飛。我們想讓他們知道，他們的鼓勵和付出對我們有多大的意義。衷心感謝以下人士，我非常感恩認識了你們，也很高興你們出現在我的生命中。

Cheri Grimm，我的妹妹暨長期商業夥伴，是主動善待他人的最佳典範。能夠跟我絕對信任的人一起生活、工作，這其中的意義對我來說溢於言表，她總能給予源源不斷的支持和內在智慧。

我的兒子湯姆和安德魯，以及他們另一半的家人，感謝你們成為我的老師，並讓我在真正重要的事情上變得富足。

新世界圖書館編輯部主任 Georgia Hughes。多年前，當我們在毛伊島作家會議的泳池派對上游泳時，誰會預料到我們之後有幸合作一本書？感謝你、總編輯 Kristen

Cashman、宣傳總監Monique Muhlenkamp以及團隊中的其他成員，感謝各位對於這項出版計畫的支持，並大力將本書推向世界。

作者們老愛說「沒有你我不可能有今天的成果」，這不是客套話，而是事實。衷心感謝Heidi Giusto、Denise Brosseau、Judy Gray、Sherry Cormier、Kendra Wray和Mary LoVerde Coln為本書所付出的一切，以及帶來「1＋1＝11」的合作關係。你們敏銳、多元的觀點和出色的編輯建議都使這本書變得更好。

感謝經紀人Laurie Liss，多年來一直幫我洽談各種案子，並成為我作品的忠實粉絲。感謝我的學員以及我為撰寫本書所訪問的專家，感謝你們慷慨分享你們的故事和見解。我希望大家能從各位的分享中受益，了解我們如何與人相處得更好，無論是何時、何地。

國家圖書館出版品預行編目 (CIP) 資料

零內耗溝通術：不委屈自己也不得罪人的說話軟技能 / 莎曼 . 霍恩著；梵妮莎譯 . -- 初版 . -- 臺北市：遠流出版事業股份有限公司，2024.04
面；　公分
譯自：Talking on eggshells : soft skills for hard conversations
ISBN 978-626-361-543-4(平裝)

1.CST: 溝通技巧 2.CST: 情緒管理 3.CST: 人際關係

177.1　　113002026

零內耗溝通術

不委屈自己也不得罪人的說話軟技能

作者——莎曼・霍恩
譯者——梵妮莎
總編輯——盧春旭
執行編輯——黃婉華
行銷企劃——鍾湘晴
美術設計——王瓊瑤

發行人——王榮文
出版發行——遠流出版事業股份有限公司
地址——104005 台北市中山北路一段 11 號 13 樓
客服電話——(02)2571-0297
傳真——(02)2571-0197
郵撥——0189456-1
著作權顧問——蕭雄淋律師
ISBN——978-626-361-543-4

2024 年 4 月 1 日 初版一刷
2024 年 9 月 5 日 初版三刷
定價——新台幣 490 元
（缺頁或破損的書，請寄回更換）

遠流博識網
http://www.ylib.com
E-mail: ylib@ylib.com